何を話せばいいのか
わからない人のための

雑談のルール

松橋　良紀

中経の文庫

こんな経験ありますか？

友人といるとき

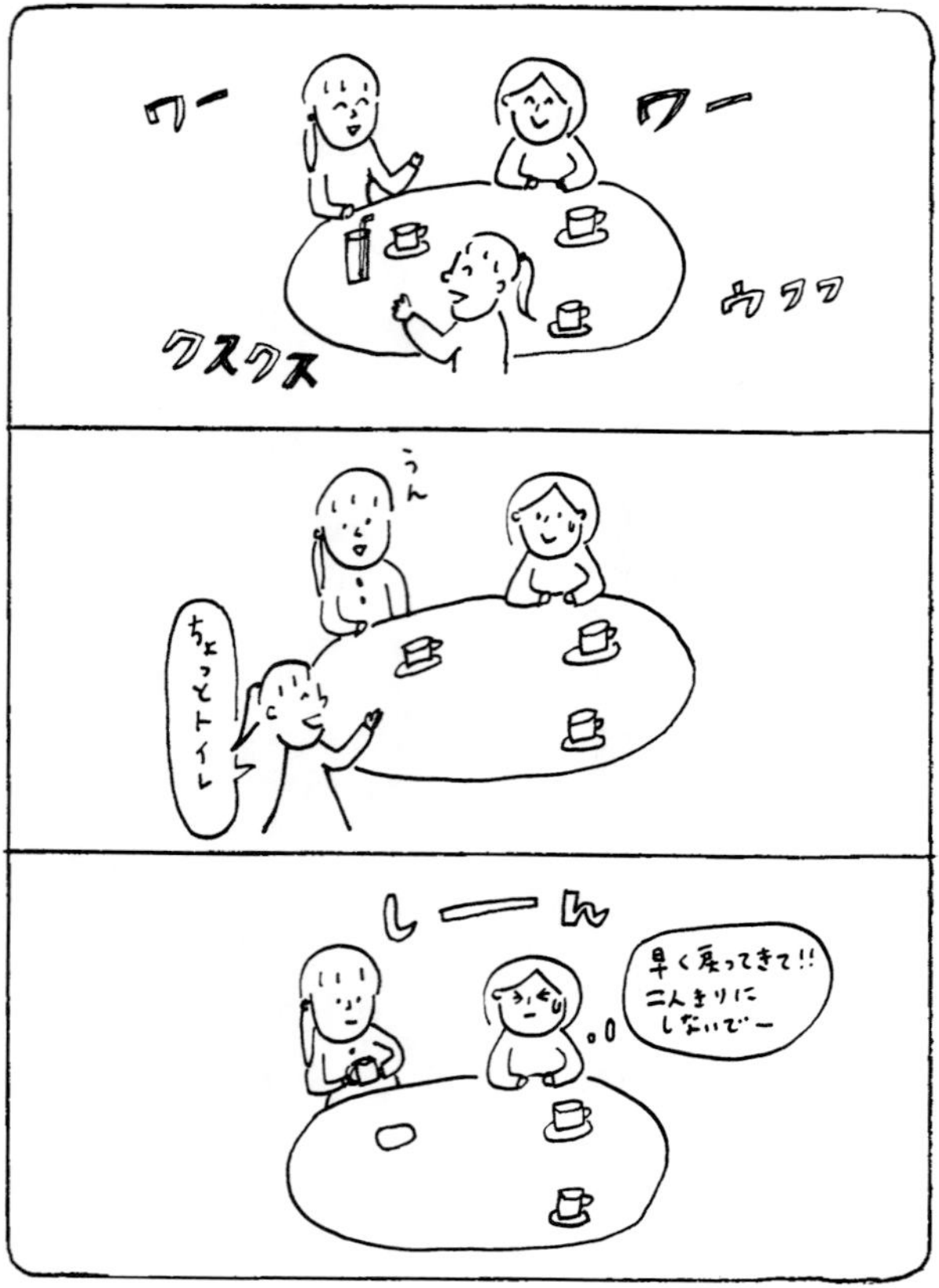

職場にて

飲み会で

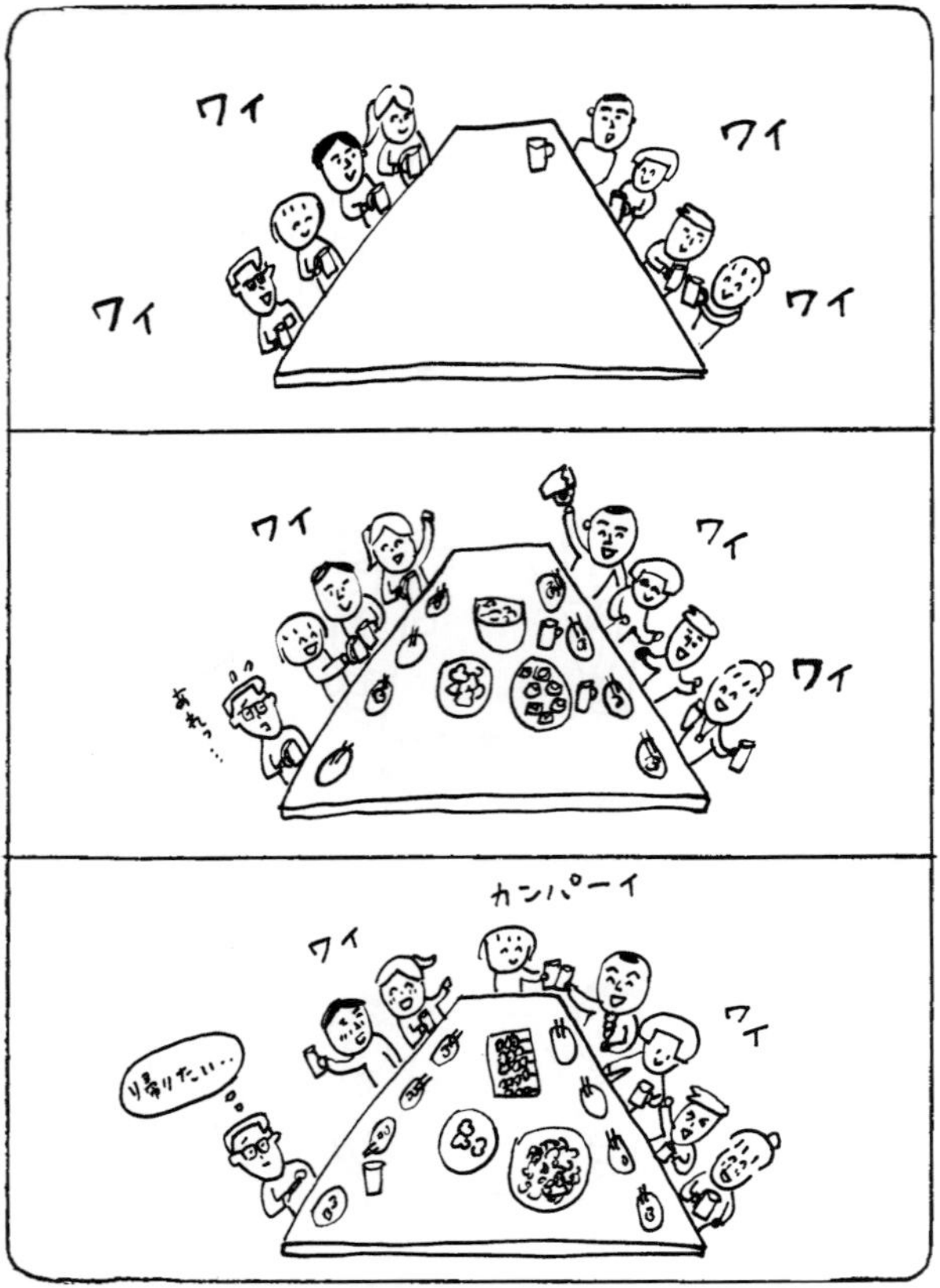

何を話せばいいの……

二人だと何を話したらいいかわからない
きっと私がいないときは楽しそうに話しているんだろうな……
先輩とは普通に話しているところ見るんだけどね
仕事のときってよけいなおしゃべりしちゃいけない気になって……
なんか、いつも自分だけなじんでない気がするんだよ
自分がしゃべるとみんなつまらなさそうだし……

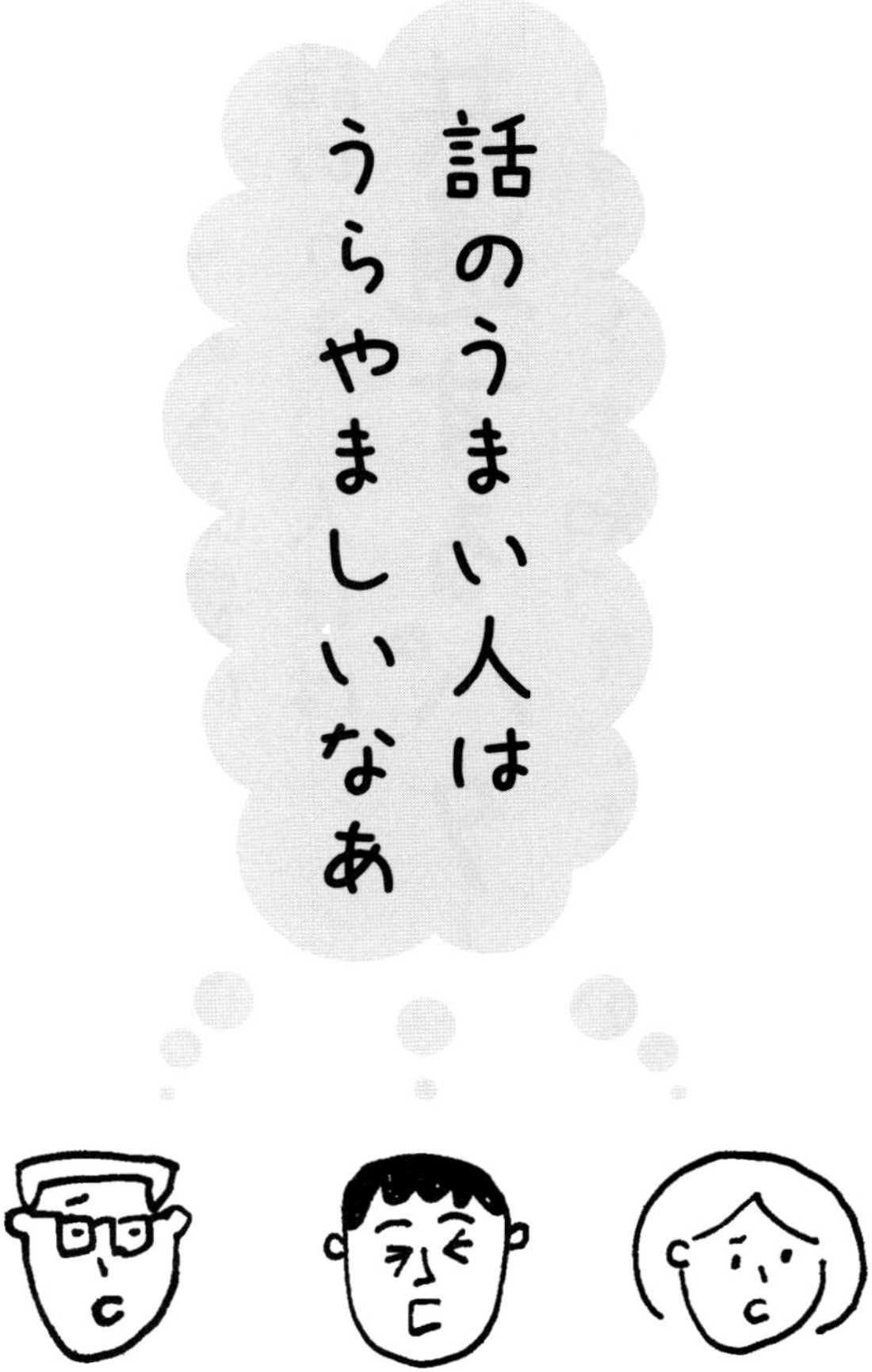
話のうまい人は
うらやましいなあ

でも、

あきらめる必要はありません。
話のうまい人には
共通するパターンが
あることを知っていますか？
そのパターンを
身につければいいのです。

ロベタは
テクニックで
カバーできます！

はじめに

この本を手にとったあなたは、もしかしたら次のように感じているかもしれません。

「気が合う人以外とはうまく話せない」
「雑談しろと言われても、何を話したらいいかわからない」
「そもそも雑談なんていらないでしょ」

このように雑談が苦手な人は、

「人見知り」
「自分に自信がない」
「完璧主義」

そして、意外に多いのが「プライドが高い」ようです。

実は私も雑談がとても苦手でした。

商品の説明ならいくらでもできるのに、その他の話題となるとさっぱり。お客様と何を話したらいいのかわからない。

変化が起きたのは、30歳を迎えた頃のことです。

販売と営業を合わせて10年経験しているにもかかわらず、ちっとも稼げるようにならない。30歳になっても、給料は手取りで20万円を切るような状態。

将来に不安しかなく、悩んだ結果、営業職に見切りをつけることにしました。

そして、以前から人の心にかかわる仕事をしたいと思っていたので、カウンセラー養成講座の門をたたきました。

心理学を学んでわかったのは、自分のコミュニケーションがいかに自分本位だったかということ。

雑談の必要性などを、まったく感じていなかった自分の考えを、改めざるを得ませんでした。

学んだことをお客様に試してみると、いきなり変化が訪れました。

それまで、首ギリギリのダメダメ営業マンだった私が、同じ商品を売っている全国の営業マン430人中、なんと突然にトップセールスになってしまったのです！

給料も、月額20万円から100万円に大幅アップしました！

劇的な成果が出はじめたのです。

セールストークがうまくなったわけではありません。同じ商品を3年も売っていたら、トークがいきなりうまくなることは、ほとんどないでしょう。

押しが強くなったわけでもありません。

ただ、相手との雑談が盛り上がるようになり、商品説明をさほどしなくても買ってくれるようなお客様が現れはじめたのです。

人間関係で大事なのは、いかに信頼関係をつくるか。

その信頼関係は、雑談力しだいです。

仕事とは一見関係なさそうな雑談が、お互いの心の扉を開き、お互いの人間性を知ることにつながるから、信頼関係ができるのです。

この本は、具体的な雑談のネタだけでなく、雑談のテクニックや、メンタル面での改善法などをまとめました。

どんな人とでも雑談がうまくできるようになったら、人間関係が大きく広がります。

人生の醍醐味《だいごみ》は、素晴らしい出会いです。

雑談がうまくなれば、人生の充実度が大きく変わります。出会いが広がります。

この本をきっかけに、素晴らしい人間関係に満ちあふれた毎日を過ごしていただくことが、最大の喜びです。

輝かしい未来へ一歩踏み出すお手伝いができれば幸いです。

2013年10月

松橋良紀

はじめに……12

Chapter1
雑談はなぜ必要？

雑談が苦手な人は、全体の何割いるの？……26
中身のないくだらない話は、するべきではない？……28
合理的に生きると逆に損をする……30
雑談をすると嫌われますか？……32
雑談の目的は親密さを深めること……34
損得だけの関係にしたいんですか？……36
無駄口たたく暇があったら仕事しろ！という会社は潰れます……38
目的別の5種類の雑談とは？……40

雑談が嫌いだった20代の頃 ……… 44
私を救ったＮＬＰとは？ ……… 46

Chapter2
雑談の基本を身につけよう！

雑談のために必要な準備は、書くこと ……… 54
雑談の切り出しは天気ネタから ……… 56
相手の価値観を知るために、趣味の話を話題にしよう！ ……… 58
その他の雑談ネタ ……… 60
雑談は肩の力を抜くのが大事 ……… 64
相手の名前を連呼していますか？ ……… 66
雑談は否定的な話で終わらせるな ……… 68
相手の気分を簡単に明るくする方法とは？ ……… 70
相手を魅了する最高の話題とは？ ……… 72

Chapter3

雑談の応用技術

印象に残らない、間違った自己紹介とは？ ……… 74
興味を引きつける自己紹介とは？ ……… 76
自己紹介のフォーマット ……… 78
食べ物と組み合わせた効果的な自己アピール方法 ……… 80
あなたを印象づける別れ際の一言とは？ ……… 82
口の重い人をしゃべらせる技術 ……… 88
本質を聞き出すメタアウトカム・クエスチョンとは？ ……… 90
多くの人の心をつかむ話し方とは？ ……… 92
人を不快にさせる「最近の若いやつ」 ……… 94
雑談は連想ゲーム ……… 96
困った時には質問返し！ ……… 98

相手の自己重要感を満たす秘訣とは？……100
年上の人との会話に詰まったら、自分が詳しい話をひたすらする……102
短時間で心の壁を取り払うには？……104
失敗談や悩み事を打ち明ける際に使うといい前置き言葉とは？……106
愛される人になる秘訣とは？……108
五感を使いこなして会話しよう……110
あの人とかみ合わない理由はこれだ！……114
名前を思い出せない！　気まずい時の対処法とは？（ビジネス編）……116
名前を思い出せない！　気まずい時の対処法とは？（プライベート編）……120

Chapter4
雑談を盛り上げる聞き方の技術とは？

雑談を支えるのは聞き方の技術 ……… 126
こんな間違った聞き方をしていませんか？ ……… 128
波長合わせの技術をマスターしよう ……… 130
自分が言いたいことは飲み込め！ ……… 132
声の波長を合わせよう ……… 134
体の波長を合わせるなら、アゴの動き！ ……… 136
話の輪に割り込む時の技術とは？ ……… 138
生徒になって価値観を掘り出そう！ ……… 140
つまらない雑談と話が盛り上がる雑談の差とは？ ……… 142
気まずい沈黙を使いこなそう！ ……… 144

Chapter5

ビジネスで使える雑談の技術

「沈黙」は何のサインか知っていますか？ ……… 146
面白い雑談のコツとは？ ……… 148
聞き上手の子供はどうやって育つ？ ……… 150
一期一会を大事にするな！ ……… 156
接触回数が大事 ……… 158
雑談上手になるには、まずは自分が客になれ ……… 160
売れない営業マンの共通点とは？ ……… 162
雑談力は、人間性を伝えるツール ……… 166
雑談ネタに困った時の最終兵器とは？ ……… 168
相手の口が重いのは、ある「病気」が原因？ ……… 170

Chapter6

雑談上手になるためのメンタルテクニック

しゃべらない相手への質問技術とは？……172
ビジネスではひと仕事終えたあとの雑談が重要……174
いつも上司に否定されてしまう、その裏側にあるのは？……176
アイデアを生み出す7つのステップ……178
会社を活性化させる、雑談を使った会議とは？……182
大勢の人が参加する場で大切な気配りとは？……186
ポジションを意識しよう……192
人から好かれたいと思ったら？……196

完璧主義度チェックリスト ……… 198
他人の評価のために生きていませんか？ ……… 200
完璧主義から抜け出すには？ ……… 202
あなたもコミュニケーション講師になるかも？ ……… 204
年収750万円までは幸せ？ ……… 206
雑談が本当に必要な場とは？ ……… 208
本を有効に人生に生かそう ……… 210
アウトプットしよう ……… 212
元気を与える存在になってください ……… 214

おわりに ……… 218

本文デザイン　小林麻実（TYPE FACE）
本文イラスト　ミヤタチカ

Chapter1

雑談は
なぜ必要？

雑談が苦手な人は、全体の何割いるの？

「雑談が得意ですか？」

あなたなら、なんと答えますか？

この本を手に取ったということは、「どちらかというと苦手」という返事をするのではないでしょうか？

では、他の人たちは、雑談が得意な方だと答える人は、どれくらいの割合だと思いますか？

「あなたは雑談が得意ですか？」という質問を、20代と30代のビジネスマン1，000人に聞いたデータがあります。

- 30・5％が「得意」と答えました。
- 69・5％が「苦手」と答えました。

つまり、**およそ7割もの人が雑談を苦手と感じています。あなただけでなく、ほとんどの方が苦手意識を持っているのです。**

あなたが、コミュニケーションを取るのが苦手と感じている時の相手も、あなたと同じように苦手に感じている場合がほとんどということです。

だから、「こういうことで悩んでいるのは自分だけじゃないか」と思い悩む必要はありません。あなただけでなく、みんな、多少なりとも苦手に感じているということで、少しは気が晴れると思います。

ところで、その雑談を苦手に感じている理由は、何でしょう？

以下のような理由をおっしゃる方が多いです。

「話のネタがない」

「自分の得意分野以外の知識が少ない」

「沈黙が多くて気まずくなる」

「面白い話ができない」

などです。この本では、このような悩みを解消していくための、色々なテクニックをお伝えしていきますので、楽しんで読んでいただければうれしいです。

中身のないくだらない話は、するべきではない？

雑談が苦手だという悩みを抱えている方にお聞きします。

もしかしたら、次のような思い込みを持っていませんか？


「話をするなら、きちんと内容のある話をしなければならない」

「面白い話をするべきだ」

「おー、すごいね！ と感心されるようなネタがないなら、黙っているべき」

「バカにされてはいけない」


総じていうと、「**中身のないくだらない話は、するべきではない**」という誤解が根底にあるようです。

「内容がある話をすること。それが会話だ！」

こんなふうに思っている方にとって、中身のない話をすることには抵抗があります。

そう考えてしまう理由として、2つのパターンがあります。

1つは、単純に「**コミュニケーションとは、単なる情報伝達に過ぎない**」と**思っている**方の場合です。

しかし、「情報だけ伝えられればいい」という考え方からは、人と人のつながりが生まれません。

親密さのメカニズムを理解することから始める必要があります。

2つ目は、**他人の評価を基準に生きている人**の場合です。

「自分を低く見られることが何より嫌だ」という心理がベースにあります。

低く見られないように、バカにされないように、自分の評価を下げられないようにと、考えすぎてしまうのです。

他人の評価に縛られている状態から抜け出していくためにも、雑談の技術を学ぶことはとても重要ですね。

合理的に生きると逆に損をする

辞書では、「特にテーマを定めないで気楽に会話すること」を雑談といいます。

雑談が苦手な人は、この「テーマを決めずに気楽に会話する」ことが難しいと感じるようです。

内容のない話をすることに対して、抵抗を感じる理由はなぜでしょう？

ひとつは、**「雑談をする時間が無駄」と感じるから**です。

無駄だと感じるのは、一見とても合理的なようです。

でも、人にはいろいろなタイプがいます。

ゴムは伸びっぱなしだと切れやすいのです。つまり、緊張の継続は負担を強《し》いるのです。

「お世話になっております」

「お疲れさまです」

これは、メールを送るときに、よく使われる前置きです。一方で、前置きを書かずに、用件だけを書いて送る人がいます。効率を重視しているんでしょうね。雑談をしない人には、このような効率重視のタイプが多いです。

そんなタイプの方は、「無駄なことはしないで、損をしないようにしよう」と**合理的に生きることで、結局のところ、逆に損をしている**可能性に気づく必要があります。

このタイプは能力に自信がある方が多いです。でも、効率を優先し過ぎると、人間関係が円滑にいかなくなってしまうのです。

人一倍、仕事ができているはずなのに、上司に認めてもらえない。同僚と、どうもうまくいかない。そんな人は、昔の私のように、逃げ道のない正論をぶつけたり、言いたいことをハッキリ言ったりしてしまうことが多いと思います。

そのせいで傲慢《ごうまん》と思われて、社会的には少々生きづらく、損をしているかもしれません。そんな方ほど、雑談の重要性を理解する必要がありますね。

雑談をすると嫌われますか?

セミナーの受講生に、「なぜ雑談を苦手だと感じるのか?」と聞くと、こんな答えが返ってきたことがあります。

「仕事中に雑談するのは、相手の時間を無駄にしてしまうので、失礼にあたるのではないかと思ってできません。だから、薄い話しかしないし、ましてや相手のプライベートに踏み込んだ話なんてとてもできません……」

では逆に、雑談をもちかけられた時、あなたはどんな気持ちになりますか?

「つまらない話をしやがって!」と感じますか?

私なら、雑談をされたらこんなふうに感じます。

「自分に気を使ってくれている」

「自分と親しい関係をつくりたいと感じる」

このように、**雑談をしてくれる人には好感をもつのが一般的**だと思います。ですから、どんどん話しかけましょう。

もちろん、例外もあります。営業の場合、人間関係をつくると最終的に断りづらくなるから、「余計な話はいいからすぐに本題に入れ」という空気を作り出すお客様も多くいます。

ところが、実はこのようなお客様ほどベテラン営業は売りやすい人だと判断します。なぜなら、押されると断れない人なのです。それをお客様本人が認識しているから、警戒心が人一倍大きくなっているだけなのです。

話しづらいと感じた相手には、「この人は恐れが強い人なんだな」という解釈をすること。そして、その恐れの原因を取り除いてあげること。

そのためにも、まずは天気の話などたわいもないことから、積極的に雑談をはじめてみましょう。

雑談の目的は親密さを深めること

「雑談が苦手」という方の中には、普段から結論や結果を大事にする完璧主義の方が多いようです。

そういう方は仕事に無駄がなく、テキパキと物事をこなします。

また、プレゼンや会議ではスラスラと発言できますが、いざ雑談となると、とたんに口が重くなります。

結論や結果を気にしすぎて、「何を話せばいいかわからない」という状態になるのです。

結論や結果はもちろん大事です。

ビジネス上では、「結論から先に言う」のが基本です。

しかし、雑談は違います。

結論・結果ではなく、「プロセス」を楽しむものが雑談なのです。

目的や目標など、雑談には必要ありません。

あるとすれば、**相手と親密さを深めるということだけ**なのです。結論や結果は必要ありません。脱線OK、とりとめもない話OK、結論や結果は必要ありません。

途中で話が終わってしまっても、それはそれでまったく問題ないのです。そう考えると、少し気が軽くなった気がしませんか？

「毎日暑いね」
「今日はカラスがやけに騒いでるね」
「最近肩こりがひどくてねー」

このように、思いついたこと。最近気になっていること。目に見えること。聞こえること。

すべては雑談のネタになります。

相手と親密さを深めるということだけ意識して、結論や結果など気にせず、自由な会話を楽しみましょう。

損得だけの関係にしたいんですか？

同僚たちが楽しそうに雑談している姿を横目で見ながら、次のようなことを考えてしまう人は要注意です。

「くだらない話で、なんであんなに盛り上がれるんだろう？」

「あんな話をしているなんて時間の無駄だなあ」

このような考えから雑談を好まないという方は、人との関わりを避けているとも言えます。

というのも、雑談をしないということには、あるメッセージを相手に与えている可能性があるからです。それは、

「**あなたとは深く付き合いたくない。損得だけの関係にしたいんです**」

と、このような意図を感じさせてしまうのです。

これでは当然、人間関係が広がりませんし、人生をつまらなくしていきます。

辞書で「雑談」を調べてみると、

「さまざまな内容のことを気楽に話すこと」

「とりとめのない話、さまざまのことを気楽に話し合うこと」

「特にテーマを定めないで気楽に会話すること」

とあります。

つまり、大事なのは、
雑談とは、どれだけ中身のない話をできるか？

このような考え方になじんでいくことが重要なのです。

人間関係が豊かな人は、中身のない話から、深い人間関係をつくるための技術を自然に使っています。

そういった、一見コミュニケーションの天才にしか見えない人たちにも、共通するパターンがあります。そのパターンをこの本でぜひ身につけていただきたいと思います。

無駄口たたく暇があったら仕事しろ！という会社は潰れます

「社員同士の雑談なんて、仕事をするうえで邪魔なもの。無駄口を叩く暇があったら仕事しろよ！」という風土の会社から伝わってくるのは、ギスギスした社内の空気、トップダウン式のワンマン会社というイメージです。

アサヒビールの泉谷直木社長は、「雑談力は重要なビジネススキルの1つだ。**いい会社は必ず「雑談」を大切にしている！**」と言います。

「雑談を禁じたら、会社でのコミュニケーションは、指示・命令だけになってしまいます。

『何をやるかは戦略で決まり、どこまでやるかは風土で決まる』という言い方がありますが、部下が伝えられた戦略をどこまで理解し、どの程度のモチベーションで臨むかを左右するのが、会社の風土。そして、成功に必要な風土を醸成するのは、答えを出す必要のない会話、つまりは雑談なのです。

私はそう考えるので、部下との雑談の機会はなるべく増やすようにしています。それから、時間があれば現場に行って社員と話し、夜は一杯飲むようにしています。社員の人となりを知って、同時に自分のこともわかってもらう。これがいい風土づくりの第一歩。それには社長が雲の上の人ではダメなのです。**リーダーに必要な能力は、戦略構築力、目標達成力、リーダーシップの3つ**です。このうち研修などで身につけられるのは戦略構築力だけ。残りの2つはコミュニケーションを通してしか習得できません。**そのコミュニケーションの中核にあるのが雑談力なのです。雑談とは「言葉の炎」で化学反応を起こすことなのです！**」(『THE21』2013年6月号より引用)

アサヒビールといえば、革新的な商品開発で知られますが、新しいものを生み出す風土は、雑談を大事にしていることが大きく影響しています。雑談をないがしろにしている会社には未来がありません。社員はもちろん、管理職の雑談スキルを上げることが大きな発展につながるのは間違いありません。

目的別の5種類の雑談とは？

雑談の目的は、分類してみると5つのパターンに分類ができます。

1　時間潰し

エレベーターや、タクシー、電車の移動などの時、時間を潰すためにする雑談。

上司や年配の人との雑談は、緊張する人も多いでしょう。あなたが、「気まずい」と感じている時には、相手も同じように感じていますから、話の内容にはこだわらず、とにかく会話をつなげていくことです。

2　親密度アップ

ビジネスでの交渉や、営業などでは、いきなり本題に入るべきではありません。相手の心の扉を開かないで本題に入ってしまうと、うまくいく可能性を自ら潰すようなものです。

また、ひと仕事を終えたあとの雑談も大事です。信頼関係をつくるために、雑談は不可欠です。

3 感情を分かち合いたい

同僚、友人、家族など、すでに親しい関係の人との会話では、悩みを打ち明けられることがあると思います。

また、うれしかったことがあった時なども、このタイプです。

この時の雑談は、できるだけ聞く立場に徹したほうがいいです。

4 思いつきの整理

頭に浮かんだアイデアを、言語化することはとても大事です。

思いついたことを他人に聞いてもらいたい時の雑談です。

5　アイデア出し

会議などで、自由なアイデアを集めたい時には、雑談のスタイルが非常に有効です。

ブレーンストーミングといって、あるルールを守りながら進めていくことで、形式張った会議では得られないアイデアを集められます。

このように、雑談の目的は、大別すると5種類となります。

その目的によって、雑談の方法が変わります。

具体的な方法を、この本で身につけていきましょう。

〈親密度アップ〉

〈時間つぶし〉

〈感情を分かち合う〉

〈アイデア出し〉

〈思いつきの整理〉

雑談が嫌いだった20代の頃

先輩とほぼ同じセールストークをしているはずなのに、全然売れない。どうも、信頼関係を築かないとダメなようだとわかりつつも、なかなかできない。

話しかけようとしても、相手も警戒しているからビビッてしまって、無難な商品説明しかできない。

何か話してみると、「何いってんの？　コイツは？」という目線を感じて、ますますトラウマになってしまう。

先輩からは「とにかくほめろ！　ほめないと売れないぞ！」ということで、教わったほめ方をやってみる。でも、どうも違和感を覚える。

「口からでまかせの、ヨイショ」をしているようにしか感じられない。

お客様にも、そんなほめ言葉は見透かされているように感じる。だから、人をほめるなんてとんでもない。

そんな悩みを抱えながら、3年以上営業の仕事をして、30歳を迎えたあたりに、転職することを決めました。「営業の仕事は自分には向かない」という結論を出して、心理カウンセラー養成講座に通いはじめたのです。そこで、希望の光が私の人生に差し込みました。

心理技術を学んだおかげで、対面でのコミュニケーションの苦手意識が吹っ飛びました。さらに、自己イメージも変わりました。

「自分はダメ人間だ」という思い込みの呪縛からも解き放たれたのです。

すると、ずっと首寸前だったダメ営業マンが、430人中いきなり全国で1位！　給料も、月給20万から100万円に！

ダメダメだったからこそ、得られた宝物が大きかったのです。

「自分と同じように悩んでいる人のお役に立てるんじゃないか？　将来こういったことを教える講師の仕事をやれたら、どんなにいいだろう？」

30歳頃に浮かんだおぼろげなイメージが、今の私の原点になっています。

当時の苦難や困難が、今となっては大事な宝物です。

私を救ったNLPとは？

私は20代半ばくらいから、自己啓発セミナーに参加したり、心理学を学び始めました。その中で、NLPは、とても即効性がありました。学んだ途端、いきなり売上が上がって全国トップになり、給料も月20万円から100万円に急上昇。いつも下っ端扱いだったのに、部下を持ち、全国の営業社員を教える立場になりました。

教えるという仕事でも、とても評価されました。その理由として、営業力のある人がなんとなく感性でやっていることを、言語化できたからです。感覚でやっていることを、理論的に説明できたから、他の社員の売上向上に結びつくのです。その基礎はNLPがベースになっています。

NLPとは天才のパターンをモデル化したものです。

1970年代の初めに、3人の最高峰の心理療法家がいました。

ゲシュタルト療法の創始者フリッツ・パールズ。

家族療法家のヴァージニア・サティア。

催眠療法家ミルトン・エリクソン。


「この3人は、なぜ劇的な効果を上げられるのか？」

「どうしたら、他の人も同じような成果を上げられるのか？」

当時カリフォルニア大学の学生だったリチャード・バンドラーは、こんな疑問を持ち、3人のパターンを研究しました。

リチャード・バンドラーは、人のモノマネがとてもうまく、天才的な観察力を持っていました。

その素晴らしい観察力で、3人の天才カウンセラーがそれぞれ異なった性格や個性にもかかわらず、同じ技術、同じパターンを使っていることを発見します。

このことを、同じ大学の助教授だったジョン・グリンダーに相談したところ、「2人で、天才たちのパターンを体系化してモデル化していこう」となります。

これがＮＬＰの始まりと言われています。

さらに10年間連続で世界トップを維持する営業マンなど、天才といわれるコミュニケーターのパターンを集めて、コミュニケーションの技術だけでなく、「個人の変容」「学習の促進」などを、簡単かつスピーディーに行うモデルを作り上げて進化させていきました。

ＮＬＰは、Neuro Linguistic Programming の略です。訳すと、神経言語プログラミングとなります。

- Neuro（神経）

人間は五感（視覚、聴覚、嗅覚、味覚、触覚）を通して世界を経験し、情報の意味を理解します。

- Linguistic（言語）

人間は、他人と通じ合うために「言語」を使います。思考・考えは言葉で作られます。

・Programming（プログラミング）
人間は、望む結果を得るために、思考や行動を組織化します。

この3つに反応して、思考・思想・信念や、出来事に対する捉え方が影響を受けているので、組み合わせてＮＬＰと命名されたと言われています。ＮＬＰは脳の取扱説明書といわれる科学です。

ＮＬＰを使って人生が変わっていった私をモデルにして物語調で書いた『話さなくても相手がどんどんしゃべりだす「聞くだけ」会話術』（ダイヤモンド社）も参考になりますよ。いずれにしても、自分の脳を使いこなすＮＬＰは、豊かな人生を送るために、一度は学ばれることをオススメします。

9 心理技術を学んだおかげで、対面でのコミュニケーションの苦手意識が改善！ さらに、自己イメージも変わった！

10 ＮＬＰとは、コミュニケーションの天才のパターンを集めたもの。脳の取扱説明書といわれる。

みんな雑談が恐かったんだ！
勇気を出して話しかけてみようかな。

Chapter1のおさらい

1　およそ7割もの人が雑談を苦手と感じている。あなただけでなく、ほとんどの方が苦手意識を持っているのだ。

2　雑談が苦手な人はコミュニケーションを、単なる情報伝達にしか過ぎないと思っている。また、他人の評価を基準に生きている。この2つが雑談にブレーキをかけている

3　「無駄なことはしないで、損をしないようにしよう」と合理的に生きることで、結局のところ、逆に損をしている。

4　雑談をしてくれる人に好意的に感じてくれる人が一般的。どんどん話しかけよう。

5　雑談の目的は、親密さを深めることだけ。結論や結果など気にせず、自由な会話を楽しもう。

6　雑談とは、どれだけ中身のない話をできるか。意識変革しよう。

7　コミュニケーションの中核にあるのが雑談力。雑談とは「言葉の炎」で化学反応を起こすこと！

8　雑談の目的は5種類。目的によって、雑談の技術が変わる。

Chapter2

雑談の基本を身につけよう！

雑談のために必要な準備は、書くこと。

雑談が苦手な人というのは意外と多いですが、大きな理由のひとつは、準備が足りないということです。

スピーチやプレゼンは、何日も前から準備に入って何度も練習します。でも雑談となると、事前に準備をする人、練習をする人は皆無でしょう。

あなたは、ネタ帳を持ち歩いていますか？ 雑談している時に「あ、それはメモっておこう」と、メモをし始めた人は、私の人生49年の中でも、ほんの数人しか見たことがありません。

準備がないから、うまくできないのは当たり前です。

昔、吉本興業にいた芸人の方が、私のコミュニケーションセミナーに参加されたことがあります。彼いわく、芸人で「ネタ帳」を持っていない人は1人もいないそうです。ネタ帳を持たないお笑い芸人はあり得ないとまでおっしゃっていました。

普段から面白いことがあったらメモをしておくから、とっさに面白いことが話せるのだそうです。

では、雑談においてはどんな準備をしておけばいいのでしょうか？

私の場合は、フェイスブックやブログに書くと記憶に残りやすいので、とにかく書くということが大事だと感じています。

「おいしかった店、オススメの店、面白かった本の紹介記事を投稿する」これは、そんなに難しいことではないと思います。

こういうことを普段からメモしたり、記事として公開することが、いざという時にとても役立っていきます。

一度書いたことは、けっこう口からスラスラ出てくるものです。雑談がうまくて、話題が豊富な人になっていく近道ですよ。

雑談の切り出しは天気ネタから

雑談の話題としてよく使われる定番ネタを紹介します。それぞれの話題を準備しておくと、いざという時に困りません。

天気・気候の話

雑談の切り出しは、天気や気候の話からはじめるのが定番です。「暑いね」「寒いね」という言葉からスタートして、口を開いてもらうことが第一歩です。

例

「今日は暑いですね。寝苦しい日にはエアコンの使い過ぎに注意してますけど、寝る時にはエアコンを使ってますか？」

「寒くなってきましたね。今日は○℃まで冷え込むそうですよ。○×さんの周りではインフルエンザとか大丈夫ですか？」

仕事の話

雑談では、仕事の話をしながらの「情報交換の占める割合」が大きいです。同僚や上司との雑談は、相手の状況を聞くことで、親密度をアップできます。

社内での例

「仕事の調子はどうですか？」「ほら、○×の業務をやってるって、言ってたじゃないですか？　その後どうです？」

初対面での例

「お仕事はどんな関係を？」「その業界は、けっこう伸びているんじゃないですか？」「お仕事は、具体的にどんなことをされているんですか？」

例のように、話のきっかけを切り出したあと、必ず質問で終わるようにします。そうすれば、口の重い人もしゃべりはじめますから、緊張を緩和する雑談がスムーズにいくでしょう。

相手の価値観を知るために、趣味の話を話題にしよう！

趣味の話は、深い人間関係づくりに欠かせません。

特に映画などは、相手の価値観を知るきっかけになります。

オフの時間をどう過ごしているか、休みの過ごし方はどんなことをしているのかを聞くことで、**相手がどんな家族構成なのか、ライフスタイルはどんなものなのかを知ることができます。**

相手の価値観がわかると、距離がグッと縮まります。

例
音楽
「音楽は何を聴きますか？」

映画
「映画は何がオススメですか？」
「その映画のどんなところが魅力ですか？」

スポーツ
「好きなスポーツは？」
「そのスポーツは、よく知らないんですが、魅力に感じるのは、どんなポイントなんでしょう？」

その他の趣味
「休みの日はどんなことをして過ごしますか？」
「仕事が終わったあとは、どんな過ごし方をしてますか？」

その他の雑談ネタ

ニュース

・社会ニュース

「あのニュースは衝撃的でしたね」

・スポーツニュース

「昨日の試合はすごかったね！」

・芸能ニュース

「芸能人の○×が結婚しましたね。□△さんは、どんな結婚式をしたいですか？（しましたか？）」

友人の話

「知り合いに、○×って人がいるんですけど、すごく面白い人なので、今度紹介しますよ！ ところで、□△さんの友人で面白い人います？」

家族の話

「ご家族は何人ですか？」

「どんな家庭でしたか？　厳しかったですか？」

「ご実家はどちら？　どれくらいの頻度で行かれます？」

「結婚したとしたら、どんな家庭をつくりたいですか？」

健康関係

「すごくお若いんですが、どんなことに気をつけていますか？」

「健康法を教えてください」

「歩くといいって言いますけど、○×さんはどうですか？」

ファッションの話

「とってもおしゃれなんですけど、いつもどちらで買われるんですか？」

「その組み合わせっていいですね。どうしたらそんなにおしゃれにできるんですか？」

食べ物の話

「私は寿司が大好きですけど、お好きな食べ物は何ですか？ オススメの店を教えてください」

「今の時期なら○×が旬ですね。もう食べました？」

「今までで感動した食べ物ってなんですか？」

「あの店のケーキがおいしいんですけど、甘いものは好きですか？」

住まいの話

「どちら辺りにお住まいなんですか？」

「そこに住んでいるのは、どんなきっかけがあったんですか？」

「その辺りの住み心地はいかがですか？」

「会社までどれくらいの時間がかかります？」

知り合いに…
あの
ニュースは…
ご家族は…
お好きな
食べ物は…
その服…
お住まいは…

雑談は肩の力を抜くのが大事

目の動きや手足の動きは、感情がよく表れるところです。そして、意外と感情が表れる体のパーツが、「肩」です。

「肩を怒らせる」
「肩肘を張る」

こんな言葉もあるように、肩はその人の感情を如実に表すことがあります。

相手の肩が上がっているようなら、怒りや恐れなどで緊張している証拠。肩が落ち着かない様子なら、まだ打ち解けた関係ではないか、もしくは言いたいことを隠している可能性があります。

ボイストレーニングを受けた時に、肩から肩甲骨にかけてのストレッチで、声の出し方が大きく影響されるのを知りました。

肩の筋肉がほぐれないと、ベストの声が出ないのです。

自分の感情も、肩の動きでコントロールすることができます。

講演やプレゼンで緊張している時は、肩が上がってしまいがち。

そんな時は、意識して肩の力を抜くようにします。

そうすると、身体全体の余分な力が抜けて、リラックスして話すことができます。

心と体はつながっています。

心の状態は、体のどこかに少なからず反映されるものです。

心をコントロールすることは難しいですが、体をコントロールすることはたやすいことです。

雑談しようと話しかけることにも緊張する方は、まずは肩の力を抜いて、リラックスを心がけましょう。

相手の名前を連呼していますか？

あなたは人の名前を覚えるのが得意ですか？

「人の名前を覚えるのは苦手だ」という方は多いようです。しかし、人の名前を覚えて、呼びかけるのはとっても大切です。一度会っただけの人の名前を覚えておいて、次に会った時に名前を呼べば好感度は一気にアップします。

「自分の名前を覚えてくれている」というのは、自分に対する尊重の表れです。重要感を得ることができるのです。


私は記憶力が高いほうではないですが、ある方法で、相手の名前を覚えるように努力しています。

まずは、名刺をもらったら、連想ゲームのように、同じ名前の有名人や、似ている知人をイメージしながら覚える。

そして、名前を見て、覚えるまで何度もその人の名前を呼んで話をするのがポイントです。名前を覚えるのが苦手だという人も、何度も連呼するうちに覚えられます。

「あなたはどう感じますか？」と語りかけるよりも、「松橋さんはどう感じますか？」と語りかけたほうが、親密度がとても高まります。「他の誰かではなく、自分に語りかけている」と思うからです。

取引先や得意先の方を、「社長」「課長」と役職だけで呼ぶ方は多いと思いますが、やはり「○○社長」「○○課長」と、名前をつけて呼んだほうがいいでしょう。

人の名前を覚えるのはとても大変ですが、覚えて呼びかけることにより、相手との心の距離がぐんと縮まり、名前も覚えられます。

――人に好かれる一番簡単で、わかりきった、しかも一番大切な方法は、
相手の名前を覚え、相手に重要感を持たせることだ
デール・カーネギー

雑談は否定的な話で終わらせるな

雑談の際、

「面白くない」

「つまらない」

「あほらしい」

「バカみたい」

こんな否定的な言葉で、話を終わらせてしまうクセを持っている人は意外に多いです。

「この間、○×へ旅行に行ってきたけど、全然面白くなかった」

「昨日の夜、会社の歓迎会があったんだけど、すごくつまらなかったよ」

「最近のテレビ番組は芸能人の番宣ばかりで頭にくる」

このような話は、聞いている人に何のプラスも生まず、反対に、暗いネガティブな気持ちを生んでしまいます。

話の面白い人、話していて楽しい人、また会って話したくなる人というのは、否定的なものの言い方はあまりしないものです。**何事に対しても肯定的に捉えて、前向きな話を心がけています。**

面白い人、楽しい人は、サービス精神が旺盛です。

サービス精神が旺盛な人は、人の気持ちを明るく、ワクワクさせることが好きだから、相手への影響を考えて、無意識に肯定的な話が多くなります。

否定的な話題をする時は、必ず最後にはプラスの情報を入れるようにしましょう。

同じ雑談をするなら、聞いてくれる人を楽しい気持ちにしてあげましょう。

相手の気分を簡単に明るくする方法とは？

へこんでいたり、落ち込んでいたりしている人の気分を変えるための技術は、いろいろと体系化されています。

NLPをはじめとする心理療法では、相手の楽しかった体験を思い出してもらい、そのイメージを視覚、聴覚、体感覚で言語化していく技法があります。

そういう意味では、お年寄りが、昔の自慢話を何度も繰り返して話すのは、精神衛生上、とても効果があることなのです。一瞬で楽しい気分に切り替わるからです。

相手の楽しかった話、うまくいった時の話などが、喜びの感情を引き出し、明るい気分にさせていきます。

楽しかったこと、うれしかったことを書き出してもらう実習をすると、多くの人が旅行の話を列挙します。また、学生時代の思い出などを、リストアップする人が多いです。

つまり、**旅行の話や学生時代の話などは、雑談を楽しく盛り上げる有効なネタ、**というわけです。

旅行の話

「私が今まで旅行した中で一番良かったのは○×ですが、□△さんはどこが一番良かったですか？」

「今度、旅行に行くなら、どこに行きたいですか？」

学生時代の話

「部活は何をやっていましたか？」

「学生時代に熱中していたことは、どんなこと？」

相手を魅了する最高の話題とは？

「自分の話を聞いてほしい」
「自分のことをわかってほしい」

これを承認欲求といいます。誰でもこの欲求を持っています。
相手を魅了する話題、虜《とりこ》にする話題とは、他でもありません、「相手自身の話題」です。

『人と話をする時は、その人自身のことを話題にせよ。そうすれば、相手は、何時間でもこちらの話を聞いてくれる』

これは、イギリス・ヴィクトリア女王時代の政治家、ベンジャミン・ディズレーリの残した言葉です。

人の心をつかむ人というのは、どんな饒舌《じょうぜつ》な演説家よりも、人の話を聞くのがうまい人です。

雑学の本で仕入れた話題もいいですが、相手に焦点を当てて、相手自身のことを話題にすることが一番です。

そうすれば、あなたと相手の心の距離はグーンと近づきます。

多くの人が自分の話を聞いてほしい。

自分のことをわかってほしい。

だからこそ、話を聞ける人は重宝されるのです。

究極の雑談テクニックは、相手のことを話題にすること。

この基本さえ守れば、どんなに話題が合わなくても大丈夫。「何を話したらいいか？」と悩むことがなくなりますよ。

印象に残らない、間違った自己紹介とは?

交流会などで再会した時に、なかなか名前を思い出してもらえない。

「自分は印象が薄いんだろうか?」

と落ち込むことが多かった私です。

自己紹介のコツを研究していくと、どうやら印象に残らないパターンの自己紹介しかしていなかったことに気づきました。

「コミュニケーション総合研究所の松橋と申します」

これだと、「何をしているの?」という疑問が残る人もいますし、そもそも、丁寧さに欠けているのです。

何をやっている人なのか、業界以外の人にもわかりやすく伝えているか？

この観点から観察していると、けっこう多いのが、「社名＋自分の名前」だけという方です。

「コミュニケーション総合研究所の松橋です」と言われたところで、有名会社じゃなければ、誰も知らないから、何をやっているのかわからないですよね。「松橋税理士事務所」などならまだしも、社名だけ言われても、何の仕事をしているのかわからない場合がほとんどです。

また、苗字だけしか名乗らない人が多いですが、これも気をつけたいものです。珍しい苗字ならまだいいですが、鈴木さん、田中さん、佐藤さんなどの一般的な苗字の方は、印象に残りにくいです。ですからフルネームで名乗りましょう。情報は多いほうが、相手に対しても親切ですからね。

興味を引きつける自己紹介とは？

マーケティングの基本の一つに、「どんな人を対象にするか、絞って明確にしなさい」というのがあります。

「コミュニケーション総合研究所代表の松橋良紀です。営業マンやコミュニケーションが苦手な人のために、心理学をベースにした研修やセミナーをしています。特に営業マン指導が得意です」

このように、誰を対象に、何をしているのかを紹介することです。さらに、キャッチコピーを用意するといいのです。相手に与えることができる独自のメリットを、短い言葉で表現することです。

「コミュニケーション瞬間改善コンサルタントの松橋良紀です。心理学をべースにしたセミナーで、たった一日で初対面の人とも楽々コミュニケーションが取れるようになります」

このように、**あなたが「何屋さん」なのか、一言でわかるような、興味を引きつけるフレーズを練り込むことが大事**です。

自己紹介は、人生で何度もすることですから、一度しっかり作りこんでみてはいかがでしょう。

何を話すか、どういうふうに話すか準備しておくと、緊張はずいぶん和らぎます。一度内容を固めたら、回数をこなすうちに、引きつけるトークにも磨きがかかります。

話す内容を準備したら、あとは笑顔と声です。笑顔と声で9割の印象が決まるといわれています。親しみやすい人かどうかは笑顔で判断されますから、笑顔を心がけることは大事です。笑顔トレーニングなどをやるのもいいでしょう。

話す内容が固まって、顔の準備ができたら、明るい声も意識しましょう。

これで第一印象は完璧です！

自己紹介のフォーマット

自己紹介の基本パターンを紹介します。**この順序で台本を準備**することをオススメします。

1　名前の紹介

名前を言う時には、漢字も紹介しましょう。

「私の名前は松橋良紀です。松の木の松に、ブリッジの橋で松橋、良い子の良いに、糸へんに己で良紀です」

2　仕事の紹介

職業・仕事はその人がどのような人かを表す大切な要素になります。

「営業をやっています」「事務をやっています」などではなく、興味を引きつけるように、できるだけ詳しく紹介してみましょう。

「仕事はセミナー講師をやっています。心理学をベースにした営業研修がメインです。人見知りでも数時間で変われるとご好評をいただいています」

3　エピソード

自己紹介の目的は、自分について知ってもらうことです。

「独立してからの1年は、引っ越しのアルバイトで食いつなぐ状態でした。時給900円でしたが、本を出してから時給10万円になりました！」

4　締め

前向きな期待を述べて自己紹介を締めると、さわやかな印象を与えます。

「今日はいい出会いを楽しみたいと思いますので、よろしくお願いします」

このような流れで、**短くてもインパクトのある自己紹介をすることで、人間関係が広がります。しっかり準備をしておきましょう。**

食べ物と組み合わせた効果的な自己アピール方法

みんなが同じ職業や似た職種での集まりで、印象に残る自己紹介を覚えておくと便利です。

名前＋好きな食べ物

「松橋良紀です。お寿司が大好きで、特にエンガワに目が無いです」

時間が無い場合は、このように好きな食べ物を言うだけでも、聞いている人にインパクトを与えることができます。「エンガワの松橋さん」と覚えられる可能性が高いですが（笑）、まずは印象に残ることが大事です。

芸能人の名前＋誕生日ネタ

「松橋良紀です。大竹しのぶと同じ誕生日です。タカアンドトシのトシとも同じです」

芸能人や歴史上の人物と同じ誕生日なら、誕生日ネタが使えます。インターネットで検索しておきましょう。

名前＋似ている芸能人

「松橋良紀です。自分では木村拓哉に似ていると思うのですが（冗談ですよ・笑）、ウッチャンナンチャンのウッチャンによく似ているね、と言われます」

似ている芸能人がいた場合は、自己紹介で使うと覚えてもらいやすいですし、初対面でもみんなから突っこまれたりしてフレンドリーな関係を築くことができます。「**印象に残ってなんぼ**」という精神で、思い切った自己紹介にチャレンジしてみてはいかが？

あなたを印象づける別れ際の一言とは?

「第一印象をよくしよう」と思い、努力する人は多いです。

しかし、別れ際に気を配る人は少ないように感じます。


「終わりよければすべてよし」と言いますが、実際、人間関係において別れ際の一言がとても大切です。

別れ際の一言は、あなたの印象に大きな影響を与えます。

ただ単に、

「それでは失礼します」

この一言だけ言って、その場を後にする人が多いです。

ちょっともったいないですね。

一言でいいので、気の利いた言葉を挟み込みましょう。

「今日のお話は大変勉強になりました！　ありがとうございました！」

「またお会いできるのを楽しみにしています！」

「○×さん（共通の知り合い）にも、よろしくお伝えください！」


このような一言を添えると、いい印象を与えることができます。

おべっかや、ヨイショをする必要はありませんが、大事なポイントは、**相手に対しての感謝や、喜び、お礼の気持ちを、言葉できちんと表現すること**です。

また、そのときはその日一番の笑顔も忘れずに送りましょう。

笑顔は最高のメッセージです。

さわやかな印象を残すには、どう締めくくるのか？

常に意識したいですね。

10 自己紹介は、何をやっている人なのか、業界以外の人にもわかりやすく伝えよう。

11 自己紹介は、人生で何度もすること。一度しっかりつくりこもう。

12 フォーマットに沿って、台本を準備しよう。

13 「印象に残ってなんぼ」という精神で、思い切った自己紹介を準備しよう。

14 別れ際には、相手に対しての感謝や、喜び、お礼の気持ちを、言葉できちんと表現しよう。

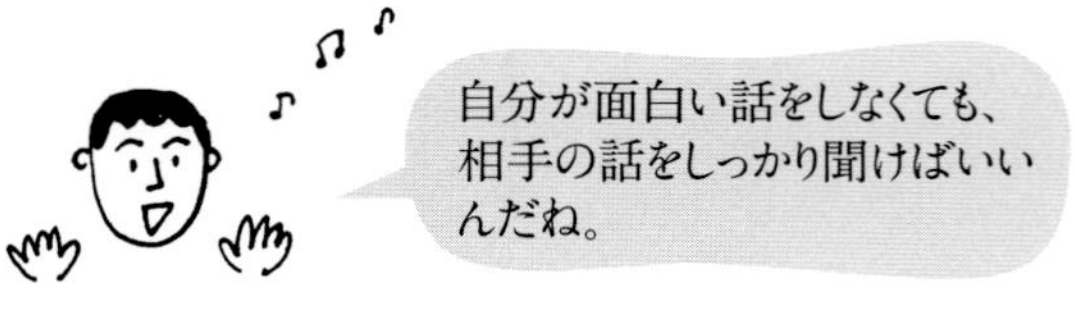
自分が面白い話をしなくても、相手の話をしっかり聞けばいいんだね。

Chapter2のおさらい

1　おいしかった店、オススメの店、面白かった本の紹介記事をブログなどに投稿しよう。

2　雑談の切り出しは、天気や気候の話から始めるのが定番。

3　休みの過ごし方で相手の価値観を知ると、距離が縮まる。

4　ニュース、友人、家族、健康、衣食住など、ネタは無限。

5　相手の肩が上がっているようなら、怒りや恐れなどで緊張している証拠。自分の肩の力も抜いて雑談しよう。

6　名前を見て、覚えるまで何度もその人の名前を呼んで話をしよう。

7　同じ雑談をするなら、聞いてくれる人を楽しい気持ちにしてあげよう。

8　相手の楽しかった話、うまくいった時の話などが、喜びの感情を引き出し、明るい気分にさせていく。

9　人と話をする時は、その人自身のことを話題にしよう。

Chapter3

雑談の
応用技術

口の重い人をしゃべらせる技術

ある話題に対して深く掘り下げ、内容を具体的・詳細にしていくことをチャンクダウンするといいます。チャンクとは、塊《かたまり》の意味。「話の塊」を砕いていくことで、抽象的な言葉を明確にしていきます。

このチャンクダウンが口の重い人には有効なのです。


「どんな趣味をお持ちですか?」

「はい……スポーツが好きです……」

「へえ〜、たとえば?」

「野球です」

「具体的にはどのチームが好き?」

「ジャイアンツです」

「どんなところが好きですか?」

「なんといっても○×っていう選手が最高ですね！ インコースの打ち方が職人技なんですよ。守備もすごいし」

「へえ〜！」


このように、抽象的な言葉が返ってきたら、具体的に砕いていきます。

「たとえば？」

「具体的には？」

この2つの質問を使いこなしていくのがコツです。

詳細を話しているうちに相手がノッてきて、しゃべり始める場合が多いです。

自分に興味を持ってくれていると感じてもらうことで、好感を与えることもできます。

「へえ〜！ 具体的には？」

「たとえば？」

この言葉を使いこなして、相手にベラベラしゃべってもらいましょう！

本質を聞き出すメタアウトカム・クエスチョンとは？

チャンクダウンに対して、話の内容を大きく捉えたり、本質的なことを明確にしたり、抽象的にすることを「チャンクアップ」といいます。


「お酒を飲み過ぎるんで、困ってるんだよ……」

「へえ～、どんなお酒が好き？」

このように、具体的にお酒の種類を聞いたりするのがチャンクダウンです。


チャンクアップだと、次のような返し方になります。

「お酒を飲み過ぎるんで、困ってるんだよね」

「へえ～、お酒を飲むことで、何が満たされるの？」

「そうだなあ、本当の自分を出せるってところかな」

「本当の自分って?」

「言いたいことが言えるっていうか……」


本質を探るとしたら、掘り下げるのではなく、チャンクアップにより上位の概念レベルを聞き出す質問をするのです。

本質が見えたら、具体的にチャンクダウンで深掘りしていくといいでしょう。

「なるほど、お酒を飲まなくても、言いたいことを言えるようになるには、どうしたらいいんだろうね」


本質を深掘りする質問のフレーズとしては、「何が得られるの?」「何が満たされるの?」を、繰り返し使い続けるのが効果的です。

この質問技法を、メタアウトカム・クエスチョンとも呼びます。アウトカムは「目標」、メタは「超える」という意味ですから、目標を超えた本質的なことを聞く質問ということです。本当に得たいこと、本質を明確にすることは、パワフルな人生を過ごすために、必要不可欠ですね。

多くの人の心をつかむ話し方とは?

会議などで取りまとめがうまい人、話をまとめるのがうまい人というのは、チャンクアップがうまいのです。

多くの人の心をつかみたい時や、大勢の人に伝わる話をする時は、チャンクを大きくして話すことが必要です。

たとえば、大きな功績を残している大会社の社長がスピーチなどで、

「エアコンの設定温度は、常に28℃にしましょう」「コピー用紙は再利用を心がけましょう」

などと、具体的に細かいことは言いません。

「世界の状況は非常に厳しいです。たとえば……。その中で、日本も今、資源について真剣に考えるべき時です。エコ活動にも積極的に取り組み、日本のリーディングカンパニーであり続けましょう」

話の塊を大きくして、抽象的に話したほうが、より多くの人に伝わります。

人の上に立つ人がスピーチする時には、聞いているそれぞれが、いろいろな捉え方ができるように大きな枠で発信していく必要があります。細かなやり方を教えるのも大事ですが、それは個人面談の時にするべきです。

多くの人に応援される人は、チャンクアップがとてもうまいです。多くの人を巻き込むためには、枠組みの大きな話のほうが効果的だと知っているのです。

使命などの話などは、チャンクが大きいものです。大きいゆえに、多くの人を巻き込み、引きつけることができるのです。

「日本を元気にしよう！」

「未来の子どもたちのために！」

このように、ミッションや使命を明文化して、合言葉のように使っていくことは、多くの人の心をつかむための絶対必要条件です。

人を不快にさせる「最近の若いやつ」

話を概念化して大きな塊の話にすると、相手の本質に迫れます。

しかし、こんなチャンクアップをすると嫌われます。

「最近の若いやつは」

「本当に男って」

「大体女ってやつは」

「日本人って」

「人間って」


このようにひとくくりにしてしまうことを、一般化と呼びます。

物事を見ているようで、実は何も見ていないことを露呈しています。

年齢を重ねれば重ねるほど、経験値が増えますから、パターン化してしまいがちです。年長者ほど注意が必要です。

「今の若いやつは」

このように言われるのは、聞いている人を不快にさせます。

「ひとくくりにするんじゃなくて、個人を見てくれよ」と思うからです。

誰もが、自分を「唯一の人間」として認めてほしいと思っています。

「その他大勢」として捉えられたい人なんていません。

概念で物事を捉えると、個人が見えなくなります。

概念で物事を判断しないことです。

大切なのは、年齢や性別にとらわれず、それぞれの人が持つ個性や良い面を見ることです。個人個人を見て話ができる人は、とても人間的にバランスがとれているように思います。

「若者」「〇〇世代」「性別」

このような枠にとらわれないよう、普段から注意していきましょう。

雑談は連想ゲーム

野球の話題が出たら、どの球団が好きなのか、詳細を深掘りしていくのがチャンクダウンです。

野球のどんなところが魅力なのかを聞いて、たとえば「緻密《ちみつ》な駆け引きが楽しい」と言われたとします。

その「駆け引きが楽しい」というキーワードから、相手の価値観を引き出していくのがチャンクアップです。

概念的なので、その思いを共有するために、「駆け引きが楽しいって、どうして?」と、具体的に聞いてもいいでしょう。

「ワクワクするんだよ」

こんな答えが返ってきたら、相手が大事にしている価値観が「ワクワク感」ということになるでしょう。

一方で、**横に展開していく水平チャンク**という手法があります。

「他にはどんなことにワクワクする？」

「そうだなあ。旅行とかの計画を立てている時にワクワクするよ。北海道旅行に1週間かけて行く時、何を見るのか調べるのが、とっても楽しかったな」

ここからまた、チャンクダウンして、どんなところを観光したとか、なんの料理が印象的だったかなど、詳細を話してもらったりできます。

数珠つなぎで、まるで連想ゲームのように横に展開できます。

詳細を話題にしたり、大きな概念の話題に引き上げたり、横に広げていけば、話に詰まることはないでしょう。

ちなみに、どんどん話は流れていきますが、他の話題に移っても、元の話題に戻す人がいます。

ひとつの話題は1〜2分で切り上げて、次の話題に展開していくのが、雑談上手がよくやっているパターンです。

雑談には展開力が必要ですね。

困った時には質問返し！

雑談している中で、答えにくい質問をされた時に、どう返すのか困ることがあります。

その時は、そのまま質問で返すのです。


「年齢はおいくつなんですか？」

「え？　あなたはいくつくらいだと思うの？」

「30代くらいに見えるけど」

「そうですね、それくらいにしておきましょう（笑）」


「言いたくありません」と返してしまったら、コミュニケーションが断絶します。

「年齢は非公開なんです」と笑いで返すのもありですが、質問をクッションとして入れることで、どんな返し方をするのかを考える余裕が生まれます。

雑談に限らず、苦境に立たされた時にも有効です。言い訳をする前に、質問返しです。

「この始末、どうしてくれるんだ！」

上司から、こんなふうに問い詰められたら、

「申し訳ありません。どう対応するのが適切でしょうか？」

「私と仕事の、どっちが大事なの！」

彼女から、答えようのない答えを迫られたら、

「どうしてほしいんだよ？」

質問返しをうまく使って、苦境を乗り切りましょう。

相手の自己重要感を満たす秘訣とは?

私が20代の頃に読んで以来、バイブルになった本が、デール・カーネギーの『人を動かす』です。

1937年に刊行されて以来、70年以上たちますが、自己啓発書の元祖ともいわれ、ロングベストセラーになっています。その中の「人に好かれる六原則」という章の最後で、「重要感を与える・誠意を込めて」という項目があります。

いくつか紹介しましょう。

• 心理学者ウィリアム・ジェームズは言います。

「人間の持つ性情のうちでもっとも強いものは、他人に認められることを渇望する気持ちである。人間は例外なく他人から評価を受けたいと強く望んでいるのだ。この事実を、決して忘れてはならない」

人は誰しも、自己重要感に対する欲求が常に存在しています。自分のことを「価値ある存在」だと思いたいものです。そして、人に好かれる人は、相手に自己重要感を与えるのがうまいのです。

では、自己重要感を与えるには、どうしたらいいのでしょう？

オススメの方法は、「**教えてもらう**」ということです。雑談の基本は、見えるものをネタにして話を広げていくことなので、相手の髪形、服、ネクタイ、時計、バックについて、教えてもらうことから始めてみましょう。

「いつも髪形が決まってますね！　どちらの美容室に？」
「その服の組み合わせいいですね。どんなところに気をつけているんです？」
「ネクタイの選び方ってどうしてます？　いつも悩んじゃうんですよ」

このように、目に見えるものをなんでも質問して、教えてもらうことから始めてみましょう。

年上の人との会話に詰まったら、自分が詳しい話をひたすらする

交流会などで出会った20代くらいの方との雑談で、私の専門分野を話題にされると、あまり気分が乗らない時があります。

その分野の知識がない人、対象になりそうにない人に、一から説明するのがめんどうだからです。

「営業研修では、しゃべらないで、どうやって相手を動かすかを教えているんですよ。相手と波長を合わせる技術や、質問でコントロールしていく技術、深いニーズを聞き出す技術などを練習してもらうんですよね――」

営業をしていない人や、研修担当者じゃない人に話してもしょうがないなと思いつつも、相手は気を使っていろいろ聞いてくれているのがわかりますから、もちろん質問には答えます。

みなさんなら、相手が年下の人の場合、どうしてもらうのが一番いいでしょうか？　私なら、気を使っていろいろ質問してくれるより、その人が熱中していることや、専門の分野の話をしてもらう方が楽しいです。

ですから、もし年上の人との雑談で、相手の話を無理に聞き出しても、話が続かなかったり、沈黙が続いたりするようなら、**あなたの得意なこと、詳しいことを熱心に話して場をつなぎましょう。**

年齢が離れた年上の人は、自分より若い世代が熱中していることには、意外と食いついてくれることがあります。自己開示をかねて、自分の専門分野の話をしながら、「でも、人間関係って大変なんですよね」などと、どんな仕事にもつきものの悩みなどを軽く挟み込んでいくと、いろいろとアドバイスしてくれる流れになることもあります。

そうなったら、生徒に切り替わって、相手に話をしてもらうようにしましょう。聞き方やリアクションをしっかりすれば、相手がどんどん話し始めてくれます。

短時間で心の壁を取り払うには？

あまり親しくない人、まだ知り合って間もない人などと、短時間で心の壁を取り払う雑談は、どんな話題がいいと思いますか？

親しみが持てる人は、どんな人かイメージしてみましょう。

それはやはり、気取らない人。カッコを付けない人。等身大な人。

芸能人でも、最近は特に、尊敬できる人というよりも、親しみが持てる人に人気が集まりますよね。親しみを持ってもらうために、オススメの話題は、「ちょっとした失敗談」です。

この、「ちょっとした」というところがポイントです。

「いやー、今日電車に乗ってたら、前の席の女子高生の2人組が僕を見てクスクス笑ってるんですよ。まさかと思って確認したら、やっぱりチャックが開いていてさ！　その場で閉めるわけにもいかないし、カバンで隠すのが精いっぱいだったんですよ。ほんと参りました～（笑）」

こんなふうに、**ちょっとした失敗談を披露すると、相手に親しみを持ってもらえます。**

「隙を見せないようにしよう」

「カッコ悪いところを見せるものか」

と身構えて頑張っていると、相手にその気持ちが伝わって、ギクシャクした関係になりやすいです。

といっても、相手がどう反応したらいいか困るような失敗談はNGです。

まずは自分が心を開く一歩として、ちょっとした失敗談を披露しましょう。

日常で起こる恥ずかしい体験や失敗は、嫌な出来事と決めつけず、ぜひ雑談のネタとして心の引き出しにしまっておきましょう。

失敗談や悩み事を打ち明ける際に使うといい前置き言葉とは?

相手との心の距離を縮めることができる会話といえば、「失敗談」です。失敗談や悩み事を聞くと、人は安心します。

「この人でもこんな失敗をするんだ」

「こんなことでも悩んだりするんだなあ」

このように親近感が湧いて、親密度が一気に高まります。

ちなみに、自分の失敗談や悩み事を人に打ち明けることを、「自己開示」と言います。

自己開示をする時には、「切り出し方」が重要です。

初対面の時や、あまり親しくない間柄なのに、いきなり重い失敗談や悩み事を相談されると、「どのように反応したらいいんだろう?」と、相手が困ってしまいます。

そこで、前置きを入れることが必要です。

「今となっては笑い話なんですが……」
「こんなことを話すと笑われるかもしれませんが……」

このような前置きをして話すことで、相手は安心してあなたの話を聞くことができます。また「笑ってもいいんだ」という承認を与えますので、笑ってくれやすくなります。

締めくくりは、「ほんと、私って間抜けでしょ！」

ただし、まだそれほど親しい関係ではないときの自己開示は、悩みの強度は軽めのもので、しかも笑えるような話がいいでしょう。

笑いは、雑談でとても大事なスパイスです。

ほんの少しでいいので、自分をさらけ出すところから始めてみてはいかがでしょう？

愛される人になる秘訣とは？

周りにこんな人はいませんか？

失敗しても、ドジを踏んでも「あー、またやってる！　でも、あいつはしょうがないよな（笑）」の一言で許されてしまう人。

そうかと思えば、同じことをしているのに、厳しく叱られてしまう人。

何が違うのでしょう？

「愛される人」や「かわいげがある」と思われる人の特徴を友人達にインタビューしたところ、ダントツの1位は「素直さ」でした。

他には、次のようなものが挙げられました。

「人なつっこい」

「挨拶がきちんとできる」

「元気がある」

「一生懸命」

逆に、どんな人が「かわいげがない」かというと、次のようなことが挙げられました。

「頑固で意地っ張り」

「人に頼らない」

「テンションが低い」

「わからないことはわからない。助けてほしい」と言える素直さは、「よっしゃ！なんとかしてあげよう！」という応援者を引き寄せるものですね。

使えないやつと言われるのを恐れて相談するのを避ける人がいます。特に新人時代は、相談を積極的にして頼るほうが、先輩としてもうれしいのです。

そのような関係も、普段から気さくに雑談をすることによって培われます。

とにかく積極的に相談をしたり、質問をしたりして、親密な関係を築くのが大事ですね。

五感を使いこなして会話しよう

「大好きな彼と少しでも話したいから電話をしたら、『電話じゃなくてメールにしてくれ』と言われた！」

こんなことを言われて、すごくショックだったという方から相談を受けたことがあります。

この場合、愛情が無いとか薄いとかそういうわけではなく、「脳の使い方」が違うだけかもしれません。

人は五感を通じて情報を脳の中に取り入れて、言葉にします。

その際、人によってそれぞれ優先させる感覚の違いから、４つのタイプに分類されます。

良い人間関係を築こう、円滑なコミュニケーションをしようと思ったら、自分のタイプを知り、相手のタイプを知る必要があります。

4つのタイプ

あなたが何かの映画を見た時の感想として、次のうちどれが一番当てはまりそうですか？

1「あの激しいアクション・シーンはすごかった！」

2「あのセリフが良かった！」

3「思い出すとジーンとするよ。感動したなあ～」

4「製作費100億円で、製作期間が3年というだけあるね。監督の意図が良くわかった」

同じ映画を見ても、人それぞれの感想がありますよね。

1は、**視覚タイプ。**

セリフや音楽などはほとんど覚えていない。

しかし、映像シーンは鮮明に思い起こすことができる。

2は、**聴覚タイプ。**
映像シーンはところどころしか覚えていない。
しかし、セリフはかなり正確に覚えている。

3は、**体感覚タイプ。**
映像シーンの記憶はわずか、セリフの記憶もほぼない。
しかし、自分の感情はしっかりと覚えている。

4は、**理論タイプ。**
客観的な数字などの理論を基に、分析するのが得意。
論理性が優先される。

このように、五感の使い方が人によって違います。だから、相互理解ができなくて、「あの人の言ってることは、訳がわからない！」というズレが生じるのです。

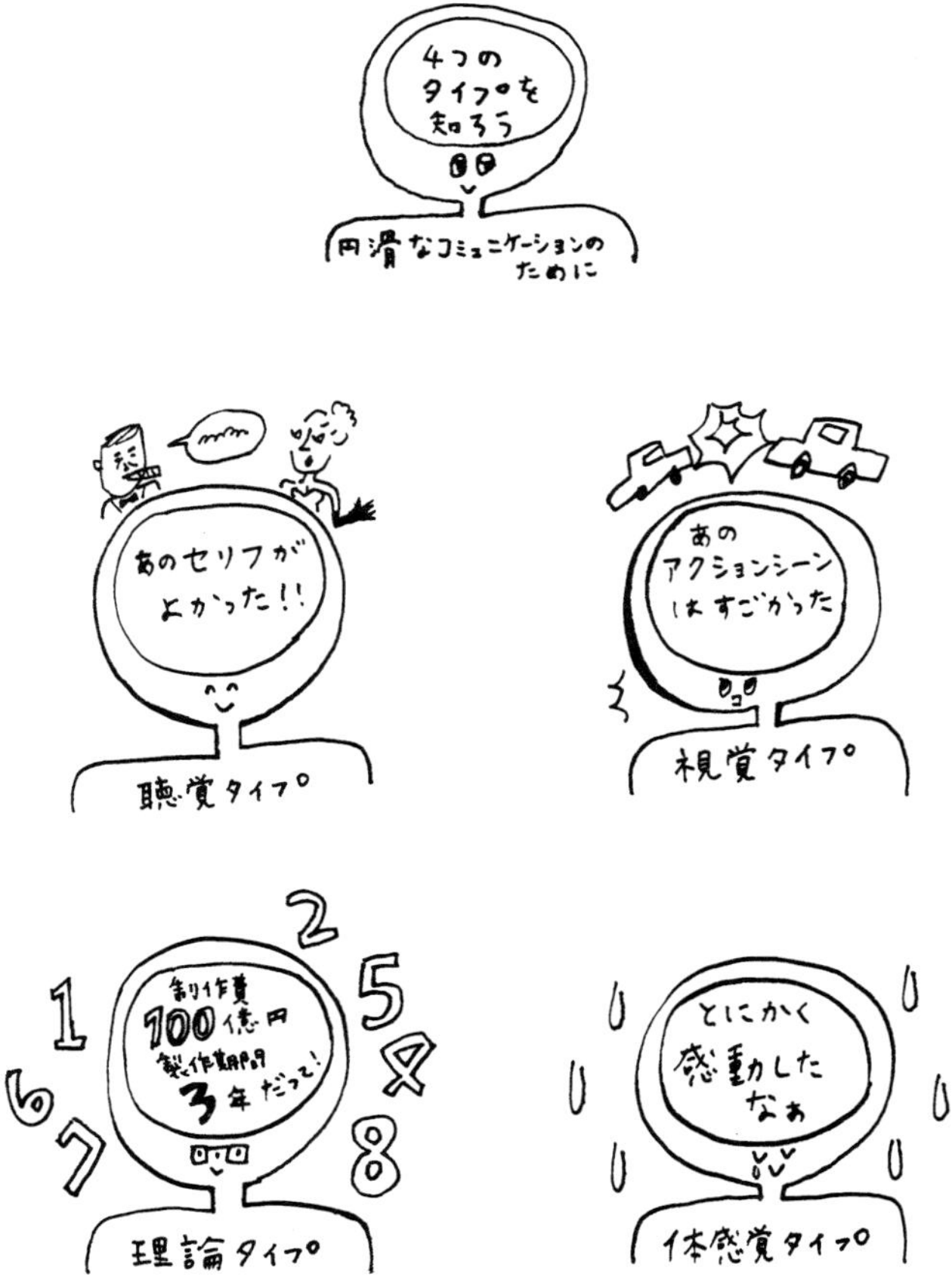
4つのタイプを知ろう
円滑なコミュニケーションのために
あのセリフがよかった!!
聴覚タイプ
あのアクションシーンはすごかった
視覚タイプ
制作費100億円製作期間3年だって!
理論タイプ
とにかく感動したなぁ
体感覚タイプ

あの人とかみ合わない理由はこれだ！

「百聞は一見にしかず」

この言葉には「耳から入る情報は不確実だから、実際に見ないと真実はわからない」という意味がありますが、聴覚タイプには該当しません。

聴覚タイプにとっては、耳から入る音や言葉がとても重要なのです。

このタイプは、電話が大好き。

逆にメールは苦手。

伝えたいことを、キーボードでパチャパチャと打ち込む暇があったら、電話したほうが早いと思う。

だから、電話を拒否された彼女は、おそらく聴覚タイプ。声を聞くのがとても重要なのです。

しかし、聴覚タイプにとって、伝えたいことがあったら電話をするのがあたりまえなことでしょう。でも、理論タイプにとっては電話がストレスなのです。

「なんで、いちいち電話してくるんだ?」と、不満を口にすることもあるでしょう。非効率なことは嫌いだからなのです。

そんな違いが、コミュニケーションのギャップに現れるのです。

人とコミュニケーションを取るときは、相手をよく観察して、相手のタイプに合わせたコミュニケーションを取るようにするとうまく意思疎通することができます。

よく顔を合わせたり、親しい関係になると、「人はそれぞれに違う」ということを忘れがちになります。

「あの人とは話が通じない」

「なんかあの人とかみ合わない」

と思った時は、相手のタイプを見極めて、相手に合った方法や表現でコミュニケーションすることが大事です。

自分はどの感覚が強いタイプで、相手はどの感覚が強いのか、それらを学ぶのは、より深い人間理解につながりますね。

名前を思い出せない！気まずい時の対処法とは？（ビジネス編）

「顔は覚えているけれど誰だっけ？　名前が出てこない！　でも、ストレートに名前を聞けないし、どうしよう……」

こんなふうに困った経験がありませんか？

とっておきの対処法をいくつかご紹介しましょう。

Ⅰ　下の名前を聞く

「お名前、なんでしたっけ？」

「え？　田中ですが？」

「いえいえ、下の名前は？」

「太郎です」

「あ、そうでしたよね！」

このように聞くと、「苗字は覚えています」というふうに受け取ってもらえますから、とても便利です。

実は田中角栄も使っていたそうです。握手をしながら、「君の名前はなんだっけ？」「名字はわかっているよ。下の名前はなんだっけ？」

かなり使えます。

2　漢字は？

「お名前は、どんな漢字を書くんでしたっけ？」

鈴木、田中、佐藤、木村などのよくある苗字では使えません。

間違いやすい苗字だったなあという記憶がある場合に限られます。

3　第三者を紹介して名刺交換の機会をつくる

お客様相手なら、同僚などをつかまえて、協力してもらいましょう。

「同じ部署の佐藤を紹介しますね。今後、一緒に仕事をさせていただくかもしれませんので。佐藤さん、名刺は持ってる？」

このように紹介すれば、名刺交換が始まりますから、聞き耳をたてて、社名や名前を確認できます。

交流会やパーティーなどでも同じです。「あー松橋さん、この前はどうも！」と声をかけられて、誰だか思い出せない場合も、同じく第三者に協力してもらいましょう。

「あー、その節はどうも！　そうだ、友人を紹介しますよ。彼は講師をしてまして。ちょっと連れてきますね」

そして友人を連れてくる際に、「名前を思い出せないんだけど、松橋とはいつお会いしたんですか？　お仕事は何をされてるんですか？　など、聞いてくれないかな」とお願いしておくと、大体思い出せるでしょう。

4　「御社」でやり過ごす

名前を忘れたら、「御社」など、別の呼び方でその場を切り抜ける方法です。

個人的な話題になると、御社ではやり過ごせないので、仕事に関係した話題で会話を広げます。

5　上司のためにと、名刺をもらう

「上司にもお名刺を渡しておきたいので」と言って、名刺をいただく方法です。このときに、新たに名刺をもらい、さりげなく名前を確認するパターンです。もらった名刺は本当に上司に渡して、「次回、直接ご挨拶をしたいと申していました」などと連絡するといいでしょう。

名前を思い出せない！ 気まずい時の対処法とは？（プライベート編）

プライベートな交流会や合コン、飲み会などで、声をかけたい。すごくタイプだし、話をしたい。でも名前を思い出せない。

そんな時、相手にバレずに名前を聞き出すテクニックです。

Ⅰ「なんて呼べばいい？」

ある程度の会話のあとに、「なんて呼べばいい？」と聞いてみましょう。高い確率で名乗ってくれるはずです。

あだ名や下の名前を名乗ってくれたら、相手との距離が近くなり、プラスに働きます。ただし、「呼び名はなんでもいい」と言われることがあります。その場合は、「それじゃ困るなあ～」と食い下がりましょう。

2 「友達からは、なんて呼ばれてる？」

「なんて呼べばいい？」の変則版です。
直接の呼び方を聞くよりも、第三者の意見を聞くほうが、相手も答えやすいです。

3 「ねえねえ」で押し通す

名前を呼ばなくても、合コンの席であれば「ねぇねぇ」で押し通すこともできます。

4 名刺が新しくなったので

「最近、名刺が新しくなったので、改めて交換してもいいですか？」と言って交換する。

「新しい名刺をお渡しします」ではなく、「交換する」と言うところがポイントです。

11 素直に助けを求める人は、応援者を引き寄せる。

12 4つのタイプに合わせたコミュニケーションをマスターしよう。

13 人はそれぞれに違う。タイプの違いを理解しよう。

14 ビジネスの場で相手の名前を忘れたら、6つのテクニック。

15 プライベートの場で相手の名前を忘れたら、4つのテクニック。

話がはずまない相手には
具体的なことを質問すればいい
のか！

Chapter3のおさらい

1　「たとえば？」「具体的には？」の２つの質問を使いこなそう。

2　本質を深掘りする質問のフレーズとしては、「何が得られるの？」「何が満たされるの？」を、繰り返し使い続けるのが効果的。

3　多くの人を巻き込むためには、枠組みの大きな話の方が効果的。

4　ひとくくりにした一般化を使うと、相手が見えなくなる。

5　ひとつの話題は１～２分で切り上げて、次の話題に展開していく。

6　質問返しを使いこなそう。

7　重要感を与えるために、積極的に教えてもらおう。

8　自分より若い世代が熱心に話していることには、意外と食いついてくれるもの。困ったときには得意分野の話を。

9　ちょっとした失敗談を披露すると、相手に親しみを持ってもらえる。

10　自己開示をするときには、切り出し方に気を配ろう。

Chapter4

雑談を盛り上げる聞き方の技術とは？

雑談を支えるのは聞き方の技術

雑談で大事なのは、実は聞き方です。

話題が豊富でしゃべりがうまいと、相手にはかえって迷惑です。

主役を相手から奪い取り、あなたの気分が良くなればなるほど、相手はつまらない気分を味わうことになります。

人間関係をスムーズにしたければ、相手に花をもたせることです。

相手を主役にするには、聞き方の技術が必要です。

私自身、「聞き方の技術」を学んでから、コミュニケーション力が劇的に変わりました。

「しゃべりを磨いて面白い話をして、相手を巻き込むパワーを高めるのが、売れる営業マンへの道！」

これが勘違いだと気づかせてくれたのが、心理カウンセリング講座でした。

営業を3年以上やっていましたから、人の話を聞くのは得意と思っていました。

そんな私が、いかに人の話を聞けていなかったか、大きなショックでした。

でも、聞く技術を身につけたおかげで、売れないどん底の成績から、トップ営業マンに生まれ変わることができました。

売れる営業マンに変貌したのは、雑談が飛躍的にうまくなったおかげです。聞くのがうまくなったから、お客様もベラベラとしゃべってくれるのです。

ベラベラしゃべってくれると、こんなことが起きます。

「悪いね、自分ばっかりしゃべって。で、お宅の商品ってどんなの？」

こちらから言わなくても、商品の話をしっかり聞いてくれるようになります。

コミュニケーションがうまい人たちは、相手に先にしゃべらせるのが上手です。雑談を支えるのは聞き方の技術なのです。

こんな間違った聞き方をしていませんか？

「先週の日曜日に、夫婦で伊勢神宮に行ってきたんですよ」こんなふうに相手が話したら、あなたはどう返しますか？

1 「へぇ！ 混んでたでしょう？」
2 「いいねー、オレも行きたかったんだよ〜」
3 「よかったでしょう！ 正式参拝はしましたか？」

さて、どれが正しい返し方だと思いますか？……

ちょっと意地悪でしたが、実はこの中に正解はありません。それぞれの問題点を解説します。

1は、混み具合が気になる自分自身の意見を言っているだけ。

2は、自分の気持ちを言っているだけ。

3は、自分の興味関心や、自分の体験談につなげようとしている。

このような聞き方を「ブロッキングした聞き方」といいます。ブロッキングをはずした正しい返し方はこれです。

「へー、伊勢神宮に行ったんだ」

さらに簡略化すると、「へー、伊勢神宮に？」

どう思われましたか？　セミナーでは参加者から「え、そんな返し方で、ほんとにいいんですか？」「物足りなくないですか？」という反応があります。

あなたも、そう思ったとしたら、聞き方レベルは最低レベルです。

多くの人は自己中心的なポジションを取ってしまうのです。聞いているようで自分のことを話したいだけの、間違った聞き方になっているのです。

相手が何を言いたいのかを、勝手に決めつけてしまう。

相手が話す前に自分の意見を言う。

そんな自己中心的な会話を、あなたも知らず知らずにしているかも？

波長合わせの技術をマスターしよう

雑談は、仕事・趣味・出身地・家族の話などをきっかけにして、共通点を見つけていくのが基本ですね。

共通点があると、理解してくれる人、自分の仲間という安心感が生まれます。それが、お互いに好意を感じる関係に進むきっかけになります。

共通点をつくって、相手と波長を合わせることを、心理学では「ペーシング」と呼びます。

ペースを合わせることで、お互いの波長が合うようになるのです。

息が合う・波長が合うというのは、ペーシングがうまくいって、潜在意識レベルでつながった状態です。

誰にでも好感を持たれる人やコミュニケーションの達人たちは、このペーシングがとにかくうまいのです。相手の波長を察知して、自然に合わせるのがうまいから、「あの人はとっても話しやすいよね。安心するね」と言われるのです。

コミュニケーションの達人たちは、出身地や趣味など、共通点がなくても仲良くなれます。

相手が5歳児や、90歳のお年寄りでも、仲良くなれるのです。共通点をつくれと言われても、5歳や90歳が相手だと、仕事や趣味が合うことは少ないでしょう。

では、どうやって波長を合わせているかというと、3つのポイントがあります。

1 言葉の使い方

2 声の使い方

3 体の使い方

この3つのペーシングをすることで、誰とでも信頼関係を構築できるのです。

出身地や趣味などの共通点が見つからなくても、まったく問題ありません。

ペーシングを制するものは、コミュニケーションを制するのです。

自分が言いたいことは飲み込め!

カウンセリングでは、相手が話す言葉やキーワードを、カウンセラーが「繰り返す」ことが大切とされます。NLPでは「バックトラック」と言います。

いわゆる「オウム返し」です。

前項で説明した3つのペーシングのうち、言葉を合わせていくことが基本になります。

「あなたの話をきちんと受け止めていますよ」ということを示すのに、オウム返しはとても有効です。

モテる人は、こんなふうに自然に繰り返します。

「これ、おいしいね!」と相手が言ったら、すかさず
「うん、おいしいね!」

とても簡単なようですが、スムーズにできる人は意外と少ないです。

ウンチクをあれこれ言いたくなったり、最悪なのは、自分を権威づけるために

「味付けが濃い」とか「ここが惜しい」とかネガティブなことを言う人もいます。

セミナーの実習でペーシングを実際にやってもらうと、「案外できなくて難しかった」とびっくりする参加者がほとんど。

雑談上手への第一歩は、自分の言いたいことを飲み込むことです。

相手にベラベラ饒舌《じょうぜつ》になってしゃべってもらうことを、意識しましょう。

そのためには、うなずきと、時折オウム返しをいれることで、相手の話を引き出していきます。

オウム返しというと、こんな返し方をする人がいます。

「先週の日曜日さ、夫婦で伊勢神宮に行ってきたんですよ」

「へえ～、ご夫婦で伊勢神宮に行ってきたんですか」

これだとやりすぎなんです。センテンスが長すぎるんです。単語をひとつだけ拾って返していくのがコツです。

この場合だと、「伊勢神宮に」だけ返すのがいいでしょう。シンプルな方が、相手の言葉を引き出しやすいのです。

声の波長を合わせよう

コミュニケーションは、言葉で交わしているようで、実は言葉以外の部分の影響がとても大きいです。

初対面から失礼なことを言う人は滅多にいませんが、それでも感じがいい人だとか、なんか感じが悪いと感じる事があると思います。

無難な挨拶を交わしている中でも、表情・目つき・姿勢、そして、声のトーンや大きさなど、非言語の影響は大きいです。

話し方で大事なのは、何を言うかよりも、どんなふうに言うかです。

つまり、聞き方も同じように、どのような声と姿勢や表情で聞くかが大事です。

では、**声に関しては、どんな使い方がいいのかというと、やはり相手に合わせることです。**

相手が早口なら、「はいっ！」とリズムよく相づちを打つ。

ゆっくり話す相手なら、「はぁい〜、ええ〜」とのんびり返す。

このように、相手のテンポをよく聞いて、声の使い方を合わせていくことが大事です。

テンポをずらして相づちを打つと、「話を聞いてくれていない」という感じを与えて、「その話には興味がないよ」というメッセージになります。

また、**空気が読めないと見られがちな人は、声のトーンや大きさが相手とズレている**場合が多いです。

相手が小さい声で話しているのに、やたらと威勢がいい。または、みんなで盛り上がっているのに、ボソボソと話す。このように、声の大きさがズレていると、波長が合わないわけです。

さらに、相手が低いトーンなら、落ち着いた声で返す。テンションが高い人には、テンションを上げて返す。

とにかく、相手の声の調子をよく聞いて、同じ調子で話すことが大事です。

体の波長を合わせるなら、アゴの動き！

体の使い方も声同様に、相手に合わせることが基本です。


まずは姿勢を合わせることから始めます。

ピンと背筋が伸びている相手には、姿勢を正す。

リラックスしている相手なら、こちらもリラックスした姿勢で聞く。


姿勢が合ってきたら、次はとっておきの波長合わせの技術を使いましょう。

それは、**相手のアゴの動きを観察して、同じリズムで動かす**ことです。

この波長合わせのことを、私は「アゴのペーシング」と命名しています。

これを教えている人が私以外にいないのが不思議なくらい、絶大な効果があります。詳しくは、『話さなくても相手がどんどんしゃべりだす「聞くだけ」会話術』（ダイヤモンド社）や『人見知りのための沈黙営業術』（角川フォレスタ）などの書籍でも確認していただきたいと思いますが、潜在意識レベルで波長が合っていきます。

相手が話すときに、アゴを浅く動かしたら、自分も浅く動かします。深くうなずいたら、自分も深くうなずきます。

その時、アゴを動かした回数も合わせるようにします。すると、不思議なことに、深いレベルで相手とつながっていくのを感じるようになるのです。

アゴのペーシングの実習をしてもらうと、なかなかできない人には2つのパターンがあります。相手がゆっくり動かしているにもかかわらず、小刻みにたくさんアゴを振ってしまう人。

または、自分では動かしているつもりなのに、はたから見るとまったくアゴを動かしていないように見える人。

どちらも、無意識でやっていることですから、自分なりの癖で動かしていることを知らない人が多いです。このような癖を持っている人は、当然ながら波長が合う人が限られて、人間関係が広がりません。相手のアゴの動きをよく観察することが、波長合わせではとても効果があります。

話の輪に割り込む時の技術とは?

「2～3人、あるいはそれ以上で雑談が盛り上がっている場に、途中から参加したい場合、どうやって輪の中に入ればいいのでしょう?」

こんな質問を受けることがあります。

「ねえねえ! 今、何の話をしてたの?」

「……」

こんな強引な割り込み方もありますが、みんなの盛り上がりを断ち切ってしまうし、スマートじゃないですね。

輪の中に入りたい場合も、やはりペーシングを使います。

最初は、話し手のアゴの動きを観察して、うなずきのリズムを合わせていきます。

その間は、声を出さずに体の使い方だけ合わせます。するとそのうち、話し手が、あなたにも視線を合わせてくれることが増えていきます。

話のリズムが周りと合ってきたら、次の段階です。相手の言葉を拾って、オウム返しを入れていきましょう。

「そこで、あいつがさ、面白いことを言ったんだよ」

「面白いこと？」

こんなふうにオウム返しを入れると、話の中心になっている人が、あなたの顔を向いて話しかけるようになります。

そして、オウム返しの次は、いよいよ質問を入れて、場のコントロール役に躍り出るのです。

この段階になったら、タイミングを見計らって、自分の意見を話しても、スムーズに周りが聞いてくれるでしょう。

このように、**いきなり話の輪に割って入るのでなく、段階を追って参加していきましょう。**

大事なのは観察力です。観察力を最大限に発揮して、波長を合わせて、周りに溶けこんでいくことで、スマートな会話が楽しめるようになりますよ。

生徒になって価値観を掘り出そう！

相手の得意な話を聞いてもらうことは、相手に自己重要感をもたらします。そのためにも、自分が相手の「生徒」になることです。

勉強熱心、研究熱心な人ほど、教えたがりの傾向があります。豊富な知識を教えてもらうことで、相手に自己重要感を感じてもらえて、さらに自分の勉強になるわけですから、得意なことをどんどん教えてもらいましょう。

雑談の中でも、特に趣味の話は、「教えてもらう」という方法が有効です。

自分にとって、全然興味がわかない趣味の話題になったとします。

そんな時は、「この趣味に熱中する理由はなんだろう？　魅力はどんなところにあるんだろう？」という視点で、質問していくのです。

「ゴルフが趣味なんだよ」

「へえ～、ゴルフのどんなところが魅力ですか？」

「そりゃ、いっぱいあるよ。緑と青空の下で気持ちいいよ。年齢も性別も関係なく楽しめるし。一番は、200メートル以上も飛ばせる球技ってないでしょう？」

「そうですね。ハマったきっかけは何でしたか？」

「友達に誘われて始めたんだけど、初めて思い通りに飛ばせた時の快感は最高だったね。それからハマったね！」

「なるほど、思い通りにやれた時の快感はたまらないですよね！　他にはどうですか？」

この「思い通りに飛ばせた時の快感」という言葉から、相手が大事にしている価値観は、「爽快感」だったり、「達成感」ということを読み取ることができます。

相手が大事にしている価値観を聞くことで、相手の深い部分を知ることができますし、相手は聞いてもらうことで、自分を理解してくれたと感じます。

たかが雑談ですが、このように相手の価値観を知ることは、深い人間関係をつくるうえで欠かせませんね。

つまらない雑談と話が盛り上がる雑談の差とは?

雑談は、大別すると2種類あります。

1 「情報を伝達する雑談」
2 「自分の感情を伝達する雑談」

人間関係を構築するのが苦手な人、コミュニケーションが苦手な人は、自分の感情を表すのが苦手な人といえます。

それゆえに、雑談で自分の話をするときは、情報を伝達する雑談ばかりになってしまいます。

気持ちや感情が入らない会話が多いんです。

感情を表すことに対してのブレーキが強い人ほど、「あいつは何を考えているのかわからない」と言われます。

自分の考えや、感じたことを、口に出さないのは、否定されることへの恐怖心が強いことが一因です。そのような人ほど、情報に走ります。

情報というのは、豆知識やうんちくですね。

聞いていてとても面白い豆知識やうんちくもあるのですが、興味が無い分野のことを聞かされても、たいてい人は退屈してしまいます。


相手は、雑談を通して、あなたがどんな人間かを知りたいと思っています。あなたが、どんなことを感じる人なのかを知ることで、安心したいのです。

出来事や情報を語るだけの雑談ではなく、

「自分はどう感じたか」

「何を思ったのか」


自分の体験と感情を語る雑談を心がけましょう。

気まずい沈黙を使いこなそう！

会話の際、沈黙になると、気まずく感じる人が多いです。

私もかつてそうでした。

営業マン時代、お客様が黙ってしまうと、待つことができずに焦ってベラベラと話す。

話せば話すほど、ドツボにハマって売れない。

理由を考えると、沈黙はお客様からの拒否・拒絶のサインと勘違いしていたからだと思います。

その後、カウンセラー養成講座に通い、相手の言葉を待つことの大切さを学びました。

会話の中の沈黙は、むしろ歓迎すべきものだったのです。気まずく思ったり、怖がったりする必要はないのです。

なぜなら、相手が沈黙するのは、言葉を探しているからです。

どうしようか、どう言おうかと、考えているからです。
そんなときに、待てずにベラベラと話してしまっては、信頼関係を損なうことになります。

じっくり相手の言葉を待つことができれば、信頼関係は一気に深まります。

「この人は自分の言葉を待ってくれている」
「じっと私の話に耳を傾けてくれている」
と思うと、人は安心します。その待ってくれる人に対して、真摯《しんし》に向き合おうと、真剣に答えてくれます。

豊かな人間関係を築くためには、「沈黙」や「間」を大切にした聞き方は必須です。

「沈黙」は何のサインか知っていますか?

世の中には、次々と言葉が飛び出てくる話し好きな人ばかりではありません。
無口な人、口ベタな人も多くいます。

そういう無口な相手と接する時、こんなことをしていませんか?
「ねえ、どうなの?」と話をせかす。
「話題を変えようか」と言って、話題を変える。
「それってこういうことでしょ」と、言いたいことを勝手に決めつける。

相手は、自分から積極的に話をしないからといって、話したくないわけではないのです。ただ、言葉を選ぶのに時間がかかるだけなんです。
特に、体感覚タイプの人は、感じたことを言葉にするのが苦手で、テンポよく話すのが苦手な人が多いです。

誰もが「自分の話を聞いてほしい」「自分の話をしたい」という欲求を持っています。

相手の言いたいことを引き出せるかどうかは、聞き方しだいです。

無口な人、口ベタな人と話す時は、沈黙を恐れないこと。相手が話の途中に黙り込んでしまっても、焦ってはいけません。じっくりと、相手の呼吸や姿勢などを観察して、波長を合わせる。沈黙して相手の言葉を待つのです。

沈黙は、「もうこれ以上話したくない」という合図ではありません。「どう話そうか？」「なんて言おうか？」というサインです。

それなのに、話を急かされたり、変えられたり、決めつけられたりしたら、話そうという気が無くなります。

沈黙や間を大切にできるようになると、コミュニケーションが一層豊かなものになっていきます。

面白い雑談のコツとは?

雑談は、相手との心の距離を縮めます。しかし、自分ばかり話している雑談は、対話ではなく「独演会」です。

「昨日は休日だったんだけど、社内研修があってさ。それが『聞き方研修』なんだよ。参加前は、『聞き方の研修なんて、オレには必要ないよ』って思ってたけど、これが受けてみるとショックだったんだ。まず教えてもらったのは、アゴの動かし方なんだけど……」

このように自分だけ話すと、相手の心は遠ざかっていくばかりです。

上手な雑談のコツは、質問を交えながら話すことです。

質問をすることで相手に、強制的に会話に参加してもらうのです。

「昨日は休日だったんだけど、社内研修があってさ。それが『聞き方研修』なんだよ。そんな研修、聞いたことある？」

「いや、ないなあ」

「普通ないよな〜。初めは俺も『必要ないよ』と思ってたけど、これが受けてみるとショックだったんだ。君は人の話を聞く時って、どんなことに気を配ってる？」

「どんなこと？　特に意識しないけど、目を見て話すようにはしてるなあ」

「そうだよな、目を見て話すって重要だよな。でもな、アゴの動きに注意を払ったことはあるか？」

「アゴ？　それは無いなあ。アゴがなんなの？　話を聞くのに重要なの？」

「それがそうなんだよ。というのはな……」

このように、質問をしながら話すことが、面白い雑談にする重要なコツです。相手も退屈せずにすみますし、会話への「のめり込み度」が違ってきます。

複数人の会話の場合でも、特定の人たちで盛り上がるのではなく、「○×さんはどう思いますか？」など、いろいろな人に質問をして話を振ることでみんなが会話に参加できるようになります。

聞き上手の子供はどうやって育つ?

以前、電車に乗っていると、目の前の席に小学生の姉弟が座りました。

弟に対して、今日学校で起きた出来事などを話すお姉ちゃん。

弟は、いかにも話を聞くのが楽しい、といった表情で、たまに「それで? それで?」なんて話を促《うなが》したりしながら聞いています。

聞き上手の弟に促される形で、お姉ちゃんは熱心に話し続けます。

しばらくしたら、今度は聞き手が交代。

弟が話す言葉に、お姉ちゃんが今度は耳を傾けます。

「すごいね」「よかったね」なんて、また絶妙な合いの手で弟の話を聞いています。

2人とも、相手のことを批判などせず、楽しそうに相手の話を聞いているのです。

驚愕しました!

本当にすごいなあと思いました。

おそらく、この姉弟のご両親は、とても聞き上手なんだと思います。

普段の家庭生活が目に浮かぶようでした。

コミュニケーションがうまい両親の子供は、やはりコミュニケーションがうまくなるのでしょう。

聞き上手の両親のそばでは、聞き上手の子どもが育ちます。

テレビやスマホから目を離して
「今日はどうだった？」と声をかけてみましょう。

そして、批判や否定をせず、途中で口を挟むことなく、ゆっくりじっくり話を聞いてあげましょう。

聞き上手が世の中に多くなれば、心豊かに過ごせる人が多くなります。

まずはあなたが広げてください。聞き上手の輪を。

9　出来事や情報を語るだけの雑談ではなく、自分の体験と感情を語る雑談を心がけよう。

10　じっくり相手の言葉を待つことができれば、信頼関係は一気に深まる。

11　沈黙は、「もうこれ以上話したくない」という合図ではなく、「どう話そうか？」「なんて言おうか？」というサイン。

12　質問を交えながら、相手を会話に参加させよう。

13　批判や否定をせず、途中で口を挟むことなく、ゆっくりじっくり話を聞いてあげよう。

Chapter4のおさらい

1　コミュニケーションがうまい人たちは、相手に先にしゃべらせるのがうまい。雑談を支えるのは聞き方の技術。

2　ブロッキングだらけの間違った聞き方をしていないだろうか？

3　共通点を作って、相手と波長を合わせるペーシングを使いこなそう。

4　雑談上手への第一歩は、自分の言いたいことを飲み込むこと。そのためにもオウム返しを効果的に使おう。

5　相手の声をよく聞いて、波長を合わせよう。

6　相手のアゴの動きを観察して、同じリズムで動かすと、不思議な事に深いレベルで波長が合う。

7　話の輪に途中から参加するには、ペーシングを使って段階的に参加しよう。

8　相手が大事にしている価値観を聞くことで、相手の深い部分を知ることができる。さらに、相手は聞いてもらうことで、自分を理解してくれたと感じる。

Chapter5

ビジネスで使える雑談の技術

一期一会を大事にするな！

あなたの好きな言葉はなんですか？

「一期一会」

好きな言葉というと、この言葉を挙げる人が多いです。

名刺に「一期一会」と書いている人や、本のサインとともに「一期一会」と書く著者も多いです。

保険屋さんと名刺交換すると、かなりの確率でこの言葉が書かれたハガキが届きます（笑）。

この言葉は、もともとは、茶道に由来します。

『大辞林』には次のように書かれています。

『茶会に臨む際には、その機会は一生に一度のものと心得て、主客ともに互いに誠意を尽くせという意味。一生に一度だけ出る茶の湯の会。千利休の弟子・宗二の『山上宗二記』にある「一期に一度の会」とあることによる』

「相手と会えるのは人生で一度きりのものと心得て、相手に対して精いっぱいの誠意を尽くそう」といった意味で使われた言葉です。

しかし、私はあえて**「一期一会を大事にするな！」**と言います。

人気のある言葉ですが、一期一会で何とかしようとして、嫌われる人が多いのです。

私のような人見知りにとって、一度会っただけで仲良くなってビジネスにつながったりすることは、50年近くの人生を思い出してもほとんどありません。

何度も会っているうちに、親しくなったり、縁を感じたりして、そこから何かが始まります。

仲のいい友人の顔を浮かべても、1回目から深い関係がつくれた人は、どうも思い当たらないのです。

何度か顔を合わせているうちに、ようやく打ち解けて、深い交友関係になった人ばかりです。つまり、**最も大事なのは、回数を重ねることなのです。**

接触回数が大事

営業だと、2時間じっくり話を聞いてもらうよりも、30分を4回に分けて聞いてもらったほうが、親しい関係をつくれます。

その理由は、心理学者のロバート・ザイアンスが証明しています。

被験者に顔写真を見せて、誰に好印象を持つかという実験をしました。

すると、「見た回数が多い顔のほうが、好印象度が高まる」という結論を得たのです。

「単純接触の効果」といって、「人は会えば会うほど好きになる」ということを、「ザイアンスの法則」または「ザイオン効果」と呼びます。

営業マンや起業家のように、一期一会からチャンスを広げていきたい場合でも、「一期一会のチャンスだ！」とばかり、初対面から売り込んでしまうのはかえって嫌われます。

出会ったあとは、まずはメールで挨拶。
その後、メールで何度かアプローチをする。
そこからアポにつなげて話をする。
アポを取ったら、3日前に「3日後によろしくお願いします」。
前日にも確認メール。
当日も確認メール。

このように、**接触回数を重ねたほうが、話が決まる可能性が高まります。**

ちなみに、最初に嫌な印象を持たれると、「会えば会うほど嫌いになる」という法則もあるそうですからご注意を。

いずれにしても、初回だけで何とかしようとせず、接触回数を増やせるようにするという意識で臨んだほうが、あせりも感じさせないのでお勧めですね。

雑談上手になるには、まずは自分が客になれ

事務所でセミナーの準備をしていた時のことです。

電話が鳴り響きました。普段は電話に出ることがない私が、たまたま応対すると、インターネット広告の会社からの営業電話でした。

女性のアポインターのトークがとてもうまかったです。間の取り方、話すテンポ、そして、反論処理がうまかったので、アポイントの約束をして、実際に営業マンに来てもらうことにしました。

アポの当日、30代前半とおぼしき男性が事務所に来ました。

名刺交換をすると、肩書は「係長」と書いています。しかし、雑談は一切なく、ひとりでしゃべりまくる典型的な営業マン。こんな営業をされると買いたくなくなるという体験ができました。

私は営業研修の仕事をメインにしていますので、販売や営業を受けるのはとて

も勉強になります。

このことから、改めて思ったことがあります。

営業をしている人は、どんどん人の営業を受けましょう。

カウンセラーを目指している人なら、いろいろな人のカウンセリングを受けましょう。

セミナー講師になりたいなら、いろいろな人のセミナーに参加しましょう。

自分のやりたいことをやるためには、実際に、お客様になって消費者の感情を体験することがとても大きな財産になります。

こんなふうに言われるとファンになりたくなるとか、こうやって迫られると断れなくなるもんだとか、こんなことをされると一気に冷めるなど……。

こういったことは、購入者の立場にならないと体験できません。

雑談がうまい人は、さまざまな経験をしている人が多いです。

一方からだけの見方だけでなく、相反する立場を経験することで、豊かな雑談ができるようになるものだと思います。

売れない営業マンの共通点とは？

前述したように、普段から営業の電話があると会うようにしていますが、来てくれる人はまあ、ほとんどが下手な営業マンばかりです。

インターネット広告会社の営業マンと名刺交換した瞬間に、「お、係長か！　どんな営業をするのか楽しみだな」と、内心喜びながら、どんな切り出しをするのか待っていました。

すると、開口一番、

「では、さっそくですが、我が社の会社概要をお話しさせていただきます」

分厚い資料を取り出して、机の上に広げると、なんの雑談もなく、営業トークが始まりました。

すごくがっかりしました。

「またこんな営業か……。おかげで断るのを苦労しなくていいけどね」

と心の中でつぶやきました。

完成されたトークが連打される中、意識が飛びそうな眠気と格闘しながら、30分ほどたち、ようやくクロージングと言われる「締結を迫る段階」にきました。

商品の金額の説明とともに、「いかがでしょうか？」と契約を迫る係長さん。

彼が勧めるサービスは、内容的にはいいものでした。

しかし、「いい内容だからどうしようかな」と悩む間もなく、私の口からは自動的に、断り文句が出てきました。

「いい商品だと思うけど、いきなり聞かされて、他の商品と比較もせずに決めることなんてできませんよ」

「どんなものと比較されますか？」

「いや、友人の経営者にも相談してからじゃないとね」

なにしろ、**雑談が一切ありませんでしたから、人間関係や信頼関係が築かれていないのです。**だから、**いとも簡単に断ることができるのです。**過去、経験がないくらい、冷たい対応ができる自分にびっくりしながら、断り文句を連打します。

でも、これくらいの断り文句で引き下がるようじゃ営業係長は務まりません。

「うちの商品が、いかに他社と比べて質が高いかを紹介します」

「今回は特別にサービスします」

こういったトークで粘ってきます。

そこで、私はトドメの一言として、

「今は決める気分になれないんで。あ、あとちょっとで、次のアポがあるんで、申し訳ないけど」と腕時計を見ました。

粘っていた係長さんも、ようやくあきらめて帰ったとき、時計を見ると45分ほどたっていました。

45分のうち、お客である私が話した時間は5分もなかったでしょう。

質問は、クローズド・クエスチョンばかり。

私が「はい、そうです」とか、「使ってます」とか、簡単な答えしか言わなくて済むようなものばかり。

そして、一番の問題点は、**私をほめるどころか、世間話など一切しなかったことです。人間関係をまったく構築せず、機能説明に終始しました。**

おかげで大きな気づきを得ることができました。

「人間関係が構築されていないと、こんなにもスッパリと冷酷に断ることができるものなんだなあ」と。

自分にビックリするくらい、断り文句が口から出てくることを体験できました。事務的な会話には、事務的に、冷淡に断り文句が言えるのです。

結局、人間関係をつくるには、心を開かないとダメなんです。商品説明だけでは心が開かないのです。

「商品を売る前に自分を売れ！」

営業の世界ではよく言われるセリフです。結局、商品がいくら素晴らしくても、売る人の人間性しだいなのです。人間性を相手に伝えないと、今の時代は特に選んでもらえないのです。

雑談力は、そのまま営業力につながるのです。

雑談力は、人間性を伝えるツール

今、あなたが読んでいるこの本を書いた著者が、実は、心理学を学んだばかりの19歳だとしたら、どう思われますか？

19歳にして私とまったく同じ内容を書いていたとしても、長年の営業経験があり、講師としてもキャリアがある49歳の私とは、説得力が違うと思いませんか？

話す内容よりも、どんな人が話しているかは、とても影響が大きいのです。

「人生は感謝の心が大事だ」

この言葉を、京セラ創始者で日本航空の再建を果たして名高い、カリスマ経営者である稲盛和夫氏が言うのと、髪の毛を金色に染めた高校生が言うのでは、同じセリフでも伝わり方が、天と地ほどの差が生まれます。

何を言うかよりも、あなたがどんな人なのか？

あなたは、どんな人間性を持つ人なのか？

相手の心を動かすには、この部分が最も大事なのです。

いくら素晴らしい商品説明をしたとしても、あなたの人間性を理解してもらい、好感を持たれなければ、時間の無駄です。

商品に興味を持ってもらえたとしても、人間関係が構築されていなければ、契約を決める際に大きなブレーキになっていくのです。

「断るのが悪いなあ」という感情を持ってもらうくらい、信頼関係を構築するのが望ましいのです。

では、人間性を伝えるにはどうしたらいいのか？

それは、自分の素晴らしさをベラベラ言うことではありません。相手の心を開く雑談が、信頼関係をつくるのです。

雑談は、あなたがどんな人間性なのかを伝える大事なツールなのです。雑談で心の窓を開いてから、ようやくあなたの話は素直に届き始めます。

雑談をマスターすることは、商品説明を覚えるよりも大事なのです。

雑談ネタに困った時の最終兵器とは？

何を話すのか、困った時には、直前に会っていた人の話をそのまま使うという方法があります。

営業など、人に出会う機会が多い人には、さほど難しくないでしょう。

午前中にAさんと話をしていたとします。

Aさんが話していた内容を、目の前のBさんにそのまま話すのです。

ただし、注意点があります。

人から聞いた話を、あたかも自分が体験したように話すと、自分の首を締めかねません。

なぜなら、聞きかじったことを初めて話す場合、不明瞭な部分が浮き彫りになったり、つじつまが合わなくなったりすることが往々にして発生するからです。

そこで、「午前中にお会いしたAさんから聞いた話なんですけどね」という前置きを必ず入れることです。

その前提で話をすれば、Bさんから質問されたり、矛盾点を突かれても、次のように乗り切れます。

「その辺りは、もっと詳しく聞いておくべきでしたね。またお会いした時に聞いておきます」

そうして、Bさんと話した内容は、次に会うCさんに使えるということです。聞いたばかりの話だと、新鮮で印象にも残っていますから、話しやすいです。

このように常に聞いたばかりの**新鮮なネタを数珠つなぎで伝えていくだけで、雑談に困ることはなくなります。**

聞いた話を人に伝えることで、自分の経験値が高まり、自分の財産にもなっていきます。

自分の体験のように話さないことさえ気をつければ、とても使える方法です。

相手の口が重いのは、ある「病気」が原因？

雑談で仲良くしようと思っても、相手があまり話してくれない。結局、自分ばかりベラベラと話してしまう。

そんな時はありませんか？

相手にほとんど口を開かせない状態にさせてしまっているのは、あなたの質問がヘタな証拠です。質問が尋問になっている可能性が高いです。

営業でよく使われる質問方法です。

「うちのような金融商品の話を聞くのは今回が初めてですか？」

「今の商品は使ってから長いですか？」

「買い替えはご検討されていらっしゃいますか？」

「過去にこのような商品にご興味を持たれたことはありますか？」

「移動手段はお車が多いですか？　それとも電車で？」

このような質問だと、相手の返事が「はい」「いいえ」「〇×です」という答え方になります。

このような質問方法を、クローズド・クエスチョンといいます。

直訳すると、「閉じられた質問」といい、相手の口数を減らしてしまう質問です。

クローズド・クエスチョンは、ある程度、答えを決めつけて質問します。

ですから、相手は考えないで即答しやすくなります。

一言、二言、答えるだけで、会話を終わることになります。

クローズド・クエスチョンをすると、相手がベラベラ話せない分、会話をコントロールしやすくなりますので、電話アポイントなどを取りたい場合は有効です。

しかし、**雑談でクローズド・クエスチョンが多くなると、話が広がらないので、盛り上がらなくなります。相手があまりしゃべってくれないと悩んでいる方は、「クローズド・クエスチョン病」になっている可能性が高いです。**自分では気づかないものなので、録音して確認してみることをオススメします。

しゃべらない相手への質問技術とは？

オープン・クエスチョンは、相手の言葉で自由に話してもらえる質問です。

だから、相手の話をたくさん聞くことができます。

直訳すると、「開かれた質問」ですね。


「どんな？」

「どうして？」

「どういう？」

このような疑問詞が代表的です。

たとえば、クローズド・クエスチョンだと、

「商品説明はここまでですが、何か質問はありますか？」

となります。

これだと、相手はあまり考えることなく、

「無いです」

という返事しか返ってこなくなり、話がまったく盛り上がりませんね。

一方、オープン・クエスチョンはこのように尋ねます。

「商品説明はここまでですが、どう思われましたか？」

そして、答えをじっくり待つ。

このような質問であれば、相手の声がたくさん聞けるようになります。

コミュニケーションの達人は、オープン・クエスチョンの達人です。

10の質問をするなら、1～2個はクローズド・クエスチョン。

8割はオープン・クエスチョンを心がけると良いでしょう。

今までとは比べものにならないぐらい、相手との話が盛り上がるようになりますよ。

ビジネスではひと仕事終えたあとの雑談が重要

英会話教材や、自己啓発教材など、即決が基本の営業をしていた時代に気がついたことがあります。

即決営業には、解約がつきものなのですが、異様に解約が少ない営業マンがいました。

そのコツを聞いてみると、ビックリの答えが返ってきました。

「なんでそんなに解約が少ないかって？　それは雑談をしっかりすることですよ」

「ええ、それはわかります。挨拶したあとから、雑談を丁寧にしているつもりなんですけどね」と私が言うと、、

「いや、それはもちろん当たり前。どれくらい雑談の時間を取ってる？」

「5～10分くらいはしてますけど」

「僕はね、契約が決まってから、最低30分雑談してから、席を立つようにしてるよ」
「え～、30分も！」

アドバイス通り、契約をもらったあとに、さっさと帰らずに雑談をじっくりするようになったら、解約されることが極端に減りました。

ビジネスでは、**ひと仕事を終えたあとの雑談がとても重要だ**と実感したものです。

営業にかかわらず、ひと仕事を終えたあとの雑談は、ビジネスを超えた人間関係がつくられます。

特に締めくくりは、意識的に雑談をするように心がけましょう。

いつも上司に否定されてしまう、その裏側にあるのは？

いつも否定的で攻撃的な上司。悪口ばかり言う同僚。

そういった人たちといると疲れるし、対応に困りますよね。

他人を否定する行為は、自分に自信が持てないことへの表れです。

「自分は他人から認められていない」

こんな劣等感が根底にあります。この感情を消すために、対象の価値を引き下げることで、上の立場に立とうとするのです。

これを心理学で「**引き下げの心理**」といいます。

他人に否定的で攻撃的な人、悪口ばかり言っている人。

そういう人ほど他人からの承認や称賛を求めています。

あなたが相手との関係を変えたいと思うなら、こんな質問を自分自身に問いかけるのをオススメします。

「この人は、いったい何を恐れているんだろう？」
「どんな怒りを感じているんだろう」

あなたに対してイライラをぶつけてくるとしたら、あなた自身が原因ではありません。

認めてもらっていない、大事にされていない、自己重要感を得られない。そんな感情から、怒りを表している可能性があります。

相手を深く知るためには、雑談をきっかけにして、その人の話を聞くことが必要になります。

人は、自分の心が満たされて、初めて他人に優しく寛容になれます。

話を受け止めてあげることで、相手の心を満たすのです。

そうすることによって、相手の劣等感は解消されて、優しい心が持てるようになるかもしれません。

あなたの身の回りの人が、他人を否定・攻撃をしたり、悪口を言わなくてもいいように、日頃から、雑談を通して承認していくことを心がけたいですね。

アイデアを生み出す7つのステップ

「さあ、今から会議を始めます。それぞれのアイデアを出してください」

こんな堅苦しい、カッチリした会議からは、新しいアイデアや発想がなかなか生まれません。気ままな雑談をしているうちに、思いがけないアイデアがひらめいたことはないですか？

アイデアの供給源は右脳です。堅苦しい会議だと、左脳ばかり働きます。すると、右脳が活性化しないので、無難なアイデアしか出なくなるのです。

あの秋元康氏もおっしゃっています。

「**素晴らしいアイデアは、雑談から生まれる！**」

リラックスした環境で、気兼ねない世間話をしている中で、思いつきを口から出しているうちに、まるで天から降ってきたように新しいアイデアを思いつくことが多いものです。

ちなみに、アイデアをふくらませるためのツールを紹介します。

「SCAMPER」といって、アイデア出しの7つのチェックリストというものがあります。

もともとは「ブレーンストーミング」の名付け親でもあるアレックス・オズボーンが開発。さらに創造性開発の研究家ボブ・エバールが最終的に、**アイデアを生み出す7つのチェックリストとしてまとめあげたものを、頭文字から「SCAMPER」といいます。**

S　**Substitude（換える）**　別のものに換えてみる。

部分、人、時間、場所、方法などを換えるとどうなるか？

C　**Combine（結びつける）**　2つ以上のものを組み合わせてみる。

他の何かと組み合わせられないか？　相乗効果が得られないか？

A　**Adapt（適応させる）**　何かを（一部、または全部）加えてみる。

部品、プロセスを加えるとどうなるか？

M　Modify（修正する）　何かを（一部、または全部）修正してみる。
部品、プロセスを変更するとどうなるか？

P　Put to other purposes（他の目的に使用する）　別の目的に使ってみる。
製品を別の目的で使えないか？　別の市場で売れないか？

E　Eliminate（除く）　何かを取り除いてみる。
部品、プロセスを取り除くとどうなるか？

R　Rearrange/Reverse（並べ替える／逆にする）　並べ替えたり逆にする。
順番を変える／逆にするとどうなるか？　逆の効果を得るにはどうすればいいか？

この7つの切り口から雑談を広げると、アイデアが湧いてくること間違いなしです。

SCAMPER	どう考えるか	質問の例
Substitude（換える）	別のものに換えてみる	部分、人、時間、場所、方法などを換えるとどうなるか?
Combine（結びつける）	2つ以上のものを組み合わせてみる	他の何かと組み合わせられないか? 相乗効果が得られないか?
Adapt（適応させる）	何かを（一部/全部）加えてみる	部品、プロセスを加えるとどうなるか?
Modify（修正する）	何かを（一部/全部）修正してみる	部品、プロセスを変更するとどうなるか?
Put to other purposes（他の目的に使用する）	別の目的に使ってみる	製品を別の目的で使えないか? 別の市場で売れないか?
Eliminate（除く）	何かを取り除いてみる	部品、プロセスを取り除くとどうなるか?
Rearrange/Reverse（並べ替える/逆にする）	並べ替えたり逆にする	順番を変える／逆にするとどうなるか? 逆の効果を得るにはどうすればいいか?

会社を活性化させる、雑談を使った会議とは？

会議などで「ブレーンストーミング」をやったことがある、という人は多いと思います。

ほとんど雑談レベルでいいので、思いつきをどんどん出していく会議の方式です。

ブレーンストーミングは「創造的集団思考法」ともいわれます。

問題に行き詰まっていてなかなか良い解決法が出ない場合や、新しいアイデアが欲しい場合などによく使われます。

ブレーンストーミングの基本

ブレーンストーミングは、省略して「ブレスト」と呼ばれます。

ブレストという自由討論方式で多くの意見を出し合ううえで、基本的なルールが3つあります。

・どんなに突拍子もない意見でも、数を多く出すのを目的とする。
・意見の批判や評価をしない。
・話し手が話し終わるまで、他の人は口を挟まない。

この3つの前提を守ることで、自由な意見が生み出されていくのです。

ほとんど雑談のような話を皮切りに、自由な発想が生まれて、大ヒットしたという例は枚挙にいとまがありません。


「うちの社員は、会議でも意見が出なくてね」

こんなふうにこぼす経営者や管理職は多いのですが、これは、批判したり、口を挟む上司に原因があります。

人は本来、自分の意見が批判されずに聞いてもらえると、気分がどんどん前向きになり、積極的にアイデアを出していくものです。

しかし、出た意見に対して、

「それはいくらなんでもひどすぎるよ」

「そんなのできるわけがない」

と、批判的な意見や否定を、管理職が言い出す社風だと、積極的に意見を言わなくなり、ブレーンストーミングは盛り上がらなくなります。


以前、会社員時代、ブレーンストーミングを始めると、それまで暗い顔をしていた人たちが、積極的に「あれも、これも」とアイデアを出して、みるみる明るい表情になっていくのが印象的でした。普段あまり話さない人から、画期的なアイデアが出たりもします。

「うちはみんな積極性が無い」

「アイデアが出ない」

「社員がみんな暗い」

そうお悩みの経営者の方、管理職の方は、普段から自分が社員の意見を批判や否定ばかりしていないか、振り返って確認する必要があります。

部下にアイデアや意見が無いわけではなく、

「言っても同じ」

「また否定されるだけ」

だから意見を言わなくなるのです。

社員から積極的にアイデアや意見を引き出して明るい職場にしたいなら、雑談ができる場を定期的につくってみてはどうでしょう？

そのときは、必ず自分は批判や否定をしないのはもちろんですが、たくさんほめることを心がけて、臨みましょう。

みるみるうちに、社員の様子が変わっていくのが感じられると思いますよ。

大勢の人が参加する場で大切な気配りとは？

輪の中には複数人いるのに、その中の2人だけで会話が盛り上がっている。周りには、一緒に来た友人たちもいるというのに、まるで目に入らないかのよう。特定の人以外は会話に加われずに、とても気まずそう。

このようなシーンを、初対面の人が多い交流会や、立食パーティーで見たことはありませんか？

大人数が参加するパーティーでは、周りの人を巻き込んで会話することを意識するべきです。

司会役になったつもりで、一緒に来た自分の友人や周りの人に話題を振って、会話に入れるタイミングを与えるのです。

相手が1人でずっとしゃべり続けるような場合も、タイミングを見計らって、

周りの人に話を振ります。

「その話題については、○×さんも意見をお持ちじゃないですか？　いかがでしょう？」

このように、さりげなく周りの人に話を振るのです。

「○×さんはどう思いますか？」

「みなさんはどう思いました？」

このように、会話に参加できない人たちに、話に入るきっかけをつくりたいものです。

自分たちだけでなく、周りも巻き込んで話せるように気配りをすることで、たくさんの人と、さらに深いつながりを持つことができます。

11　素晴らしいアイデアは、雑談から生まれる。
SCAMPERを使いこなそう。

12　３つのルールを守ってブレーン・ストーミングでアイデアを生み出そう。

13　１人だけがずっとしゃべり続けないように、周りの人に話を振ろう。

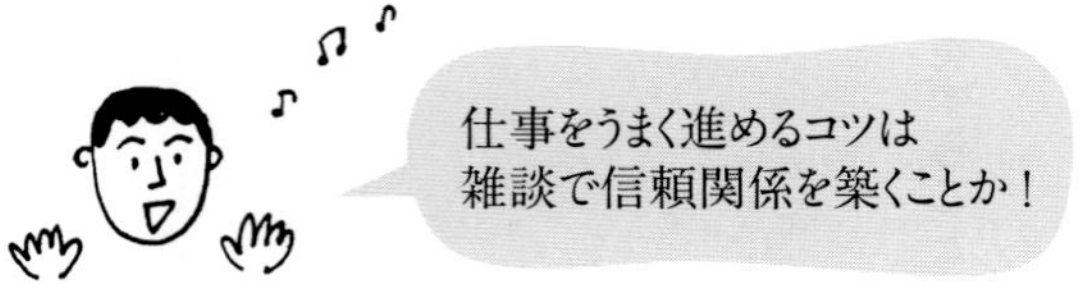
仕事をうまく進めるコツは
雑談で信頼関係を築くことか！

Chapter5のおさらい

1　一期一会を大事にするな！

2　接触回数を重ねた方が、話が決まる可能性が高まる。

3　消費者の感情を体験することはとても大きな財産になる。

4　人間関係を構築していないと、冷酷に断わられやすい。

5　雑談は、あなたがどんな人間性なのかを伝える大事なツール。

6　数珠つなぎで、聞いた話を伝えていくだけで、雑談に困ることはなくなる。

7　雑談でクローズド・クエスチョンが多くなると、まったく盛り上がらなくなる。

8　コミュニケーションの達人は、オープン・クエスチョンの達人。

9　ひと仕事を終えたあとの雑談がとても重要。

10　怒りの原因を知るには、雑談をきっかけにして、相手の話を聞くこと。

Chapter6

雑談上手になるための
メンタルテクニック

ポジションを意識しよう

話を聞くとき、人は3つのポジションのうち、いずれかの態度で聞いています。

ひとつは、第1ポジション。

人の話を聞いていながら、自分に意識が向いている状態です。

たとえば、「昨日、先方との契約が先延ばしになった件で、部長に怒鳴られちゃってさ〜、ホント嫌になっちゃうよ」

と、同僚が話していた場合、あなたはどう反応しますか？

「オレも同じ目に遭ったなあ、さんざん怒られたな〜！　部長は怒ると怖いからなあ」

このように、自分のことに意識が向いているなら、口には出さなくても第1ポジションの状態です。

2つ目は、第2ポジション。

相手に意識が向いている状態です。このポジションが最も重要です。

先ほどの例だと、こんな反応になります。

「そうなんだ〜、そりゃあ大変だったろうなあ。どんな気持ちだったんだろう？ その後、どう対応したんだろう？」

このように、相手のことに意識が向かう状態なのが第2ポジションです。

人と信頼関係を築くためには、第2ポジションで話を聞くことが大切です。

自分に意識が向いている第1ポジションで話を聞いていると、自分の興味で質問を始めたり、相手が話している途中でも、言いたいことを挟んでしまったり、揚げ句の果てに説教をしたりしてしまいます。

たとえ何も口に出さなかったとしても、「この人は自分の話をちゃんと受け止めてくれていないな」というのは非言語で伝わります。

そして、最後は第3ポジション。

第3ポジションは、「全体レベル」で話を聞いていること。

全体レベルとは、話し手や聞いている自分だけではなく。話し手に関係する人たちにも意識が向いている状態です。

先ほどの例で言えば、

「なるほど。○×部長に叱られて嫌な気分になっているんだな。部長は先方との契約が先延ばしになったことでどんな思いをしたんだろう?」

当事者以外の人のことにも意識が向けられているのが第3ポジションです。

指導者は、第3ポジションのレベルで話を聞くことも必要になってきます。

まずは相手の話を「そうなんだ。部長に叱られて最悪の気分だね」と充分に受け止める。

そのあとは「ところで、契約が先延ばしになって、部長はどんな気持ちだったんだろうか?」と、話に出てくる関係者にも焦点を当てます。

そうすることで、話し手は、

「今月は会社の今後を左右する大切な時だって言ってたな。この契約が先延ばしになると部長も落ち込むよな。立場が無い状態になったのかもしれないな」

自分の気持ちだけではなく、部長やさらにその上の立場の人や、取引先全体のことを考えて、自発的に行動できるようになるかもしれません。

話し手が、自分以外のことに焦点を当てて物事を考えられるきっかけを与えることができるのが第3ポジションです。

問題解決につながり、関わる人にベストな案も生まれてくるでしょう。

嫌になっちゃうよ
……
オレも…
同じ目に遭ったなあ
第1ポジション
あいつ、
大変だっただろうなあ
第2ポジション
会社や皆
大丈夫だったかなあ
第3ポジション

人から好かれたいと思ったら？

「人から好かれたい」「良く思われたい」とは誰もが思うことです。

だから、好かれるようにさまざまな努力をします。

オシャレをしたり、面白い話題を探したり、自分の特技や自信のあるところをアピールしたり。

でも、人に好かれる一番の方法は、相手の話をよく聞くことです。

コミュニケーションが苦手とか、雑談が苦手な理由は、意識が第1ポジションにあるのが大きな理由です。

「自分はどう思われているんだろう？」

「こんなことを言ったら、変に思われるんじゃないだろうか？」

「嫌われたらどうしよう」

この発想は、自分だけに意識が向いている状態です。

「好かれたい」「嫌われないようにしよう」という気持ちが出過ぎると、緊張したり、肩に力が入ったりしてしまいます。

そういう様子は相手にも伝わって、相手も緊張します。

なんだか疲れた会話になります。

自分を良く見せること、人から好かれることは脇に置いて、

「この人はどんなことに関心を持っているんだろう?」

「この人はどんな考え方をする人なのかな?」

「もっとよく知りたいな」

相手に興味・関心を持ち、相手の話に耳を傾ける。これが、どんな気の利いた話をするより効果的です。このような姿勢で会話に臨むことで、人間関係は充実したものになっていきます。

完璧主義度チェックリスト

真面目なタイプに多いのが、「人の評価が気になってコミュニケーションが苦手」という人です。このような人は、完璧主義の傾向があります。「ゼロか100か？」の極端な選択しか持たないのです。

その結果、「しゃべらないでおこう」という選択をしてしまうのです。左ページのチェックリストで傾向を確認してみましょう。

いくつ当てはまりましたか？

チェックリストで5項目以上が該当する方は、完璧主義の傾向があります。

完璧主義度チェックリスト

□ 1. 細かいこと（細目・規則・一覧表・順序・構成）にとらわれて、活動の主要点を見失う。

□ 2. 何か一つでも落ち度があると、それを理由にして計画の達成を丸ごと諦めてしまうような完璧主義を示す

□ 3. 娯楽や友人関係を犠牲にしてまで、仕事と効率性の向上に過剰にのめり込む（経済的必要性だけでは説明できない仕事・生産性への没頭）。

□ 4. 一つの道徳・倫理・価値観に凝り固まっていて融通が効かない。

□ 5. 特に思い出があるわけでもないのに、使い古したもの、価値のないものを捨てられない。

□ 6. 自分のやり方に従わない限り、人に仕事を任せたり一緒に仕事をすることができない。

□ 7. 金銭的に自分に対しても人に対してもケチである。将来の破局・困窮に対してお金は貯めておかねばならないと思っている。

□ 8. 頑固である。

他人の評価のために生きていませんか？

前ページの「完璧主義度チェックリスト」は、実はアメリカ精神医学会が作成した「**強迫性人格障害の診断基準**」で使われているリストです。チェック項目が多くて、仕事や日常生活に支障が生じている場合は、強迫性人格障害の可能性があります。強迫性人格障害とは、精神の失調のひとつの分類であり、強迫症状と呼ばれる症状に特徴づけられる不安障害です。以前は強迫神経症と呼ばれていました。

この特徴として、**完璧主義・頑固・倹約性・秩序志向が強いため、「情緒的・個人的な人間関係」を楽しめません。**また、「**社会的・序列的な人間関係」にしかうまく適応できないという問題を抱えます。**

強迫性人格障害は、「良心的なタイプ・禁欲的なタイプ・官僚的なタイプ・ケチなタイプ・混乱させるタイプ」の、５つに分類されます。

この中で「良心的なタイプ」が、完璧主義の傾向を強く持ちます。

このタイプは、自分の良識・常識や上品さなどを強調することで、自分自身の存在意義を感じます。

「他人からどのように評価されているか」によって、自己評価が大きく変化します。**社会適応力があり、他人とのトラブルを起こすことは少ないです。**

なぜなら、自分を肯定できていなくて、自分に自信が持てないことがベースになっています。だから、他人から批判をされることや、他人から低く評価されることを極度に恐れるからです。

批判されないように、そして誰からも高く評価されるために、完璧を求めてしまうのです。

「すべての物事を完全に仕上げなければ無意味である」という傾向が、気軽な雑談にブレーキをかけているのです。深い人間関係をつくるのを、邪魔してしまうのです。

しかし、自分の弱さを受け入れることが、本当の強さを生み出します。

雑談上手は、深いレベルで自分を認める作業への一歩なのです。

完璧主義から抜け出すには？

完璧主義は、自分が認められる話題では、とてもおしゃべりです。自分の得意な話題、好きな話題では、話が尽きることがありません。

でも、自分のフィールドから離れてしまうと、とたんに口ベタになります。

これは、「常に会話をコントロールして、リードをしたい。それができないなら、話をしないほうがいい」という価値観を持っていることが理由です。

完璧主義になってしまう背景には、幼少期の体験が大きく影響しています。

精神医学や臨床心理学の基礎をつくった精神科医フロイトによると、**3歳くらいまでの間に、親から厳しいしつけをされると、几帳面、頑固、倹約といった完璧主義的な性格が形成される**そうです。

努力して成績が良かったとか、指示したことをきちんとこなしたり、何か結果を出したときしか認めてもらえなかった。つまり、何かしらの条件をクリアしないと愛してもらえないという思いが、完璧を目指す原動力になってしまうのです。
完璧主義を自己認識として持つと、次のような傾向が表れます。
・単純作業なら長時間でもできる。でも、臨機応変に対応するのは難しい。
・何でも真に受けてしまう。ユーモアのセンスに欠ける。
・失敗を恐れる余り、なかなか決断を下せない。
・そして、気軽な人間関係がつくれない。つまり、雑談が苦手。

「完全な結果を出すこと」＝「愛されること」という、ゆがんだ思い込みから抜け出すためには、**「特別な努力をしていない、ありのままの自分でもＯＫだ」という、自分自身を受け入れることから始まります。**

手助けが必要だと感じた場合は、カウンセラーに相談したり、心理学を学ばれるのがいいでしょう。

自分を変えるには、自分だけでは難しいものです。専門家の力を借りることも考えてみるといいでしょう。

あなたもコミュニケーション講師になるかも？

著者仲間や講師仲間で成功している人たちに、聞いたことがあります。

「昔から、あなたが教えている分野は得意だったんですか？」

このように質問をすると、ほとんどは次のような答えが返ってきます。

「もともとは、全然できなくて、とても苦手だった。だから、克服しようとして研究をしているうちに専門家になっちゃった」

このような答えが大多数です。

教えている人たちは、意外にも「最初から天才的に優れていた」というわけではなく、ほとんどが、最初は散々なレベルだったというのです。

「**名選手は名監督にあらず**」

こんな言葉があります。

天才的な才能に恵まれた人は、教えるのがうまくない人が多いという意味です。

最初からうまくできてしまう人だと、うまくやれない人の気持ちがわからない。**コンプレックスがあったからこそ、いろいろと研究して試しているうちに、人に教えられるレベルになるのです。**

私自身も、自分に自信がなくて、コミュニケーションが苦手。

営業を始めたら、全然売れない。

このように、とても苦しんだ経験があったからこそ、今、コミュニケーション講師や営業講師の仕事ができているわけです。

あなたが今、コミュニケーションが苦手で苦しんでいるとしたら、実は天職につながっているかもしれません。

この本を読んで実践していくと、すっかりコミュニケーションの悩みは改善されていますので、しっかりついてきてくださいね。

今、この本を読んでいる方の中でも、将来コミュニケーション講師が生まれるかもしれませんね。

年収750万円までは幸せ？

「フォーカシング・イリュージョン」とは、ノーベル経済学賞を受賞したダニエル・カーネマン教授の言葉です。

「幻想に焦点を当てている状態」のことを指します。

たとえば、

「学歴がないと、幸せになれない。望む大学に入れなければ人生は終わりだ」

「結婚しないと幸せになれない。結婚さえできれば、幸せになれる」

「家を持てれば幸せになれる」

「年収が1千万円になれば幸せに違いない」

このような特定のポイントに、自分が幸福になれるかどうかの分岐点があると信じてしまうことが、「フォーカシング・イリュージョン」です。

ダニエル・カーネマンがお金に関しての調査をしたところによると、**年収が7・5万ドルで幸福感が頭打ちする**とのことです。執筆時の為替だと750万円程となります。

年収7・5万ドル以下の場合には、年収が増すほど幸福度が増すが、年収7・5万ドルより上の場合には比例しないそうです。

教授は「高収入で満足は得られるが、幸せになれるとは限らない」と結論しています。ある程度のお金は必要。でも、それ以上は、幸せはお金で買えないということですね。

この本を読んでいるあなたは、ひょっとして、「雑談が苦手、コミュニケーションが苦手だから幸せじゃない」と思っているかもしれません。しかし、それも幻想かもしれないのです。

学歴、結婚、仕事、お金、コミュニケーション力。それぞれで、特定のポイントが満たされなければ幸せになれないと信じ込んでしまうと、他の選択肢が目に入らなくなります。

雑談の技術を身につけると同時に、幸せを感じることができるセンサーの感度を上げることが大事です。

今、目の前の何に、幸せを感じることができますか？

雑談が本当に必要な場とは？

毎日、身近な人との雑談を楽しんでいますか？

雑談が本当に必要な場とは、どこでしょう。

パーティー、交流会、勉強会、ご近所づきあい？

いずれも大切ですが、**一番気軽な雑談が必要なのは、「家族との雑談」です。**

家庭での雑談は軽視されがちです。

私が30代の頃、40代の先輩から相談されたことがあります。

「うちの夫婦って、全然会話がなくてさ。奥さんとどんなことを話してるの？」

「え〜？　いろいろあるんじゃないですか。仕事のこととか、今日の出来事とか、いろいろ話しますよ」

その時は、「結婚十何年ともなれば会話がなくなるのかな」と思ったのを覚えています。

ワシントン州立大学のジョン・ゴッドマン博士は、３０００組以上の夫婦のコミュニケーションについて実験を行いました。

離婚する夫婦の特徴の1位は、会話するときに、きちんと相手の顔や目を見ながら話さないことだそうです。

テレビを見ながらとか、新聞・雑誌を読みながらといった〝ながら会話〟は、2人の間に隙間風を生じさせます。

「家族なんだから毎日わざわざ話す必要も無いだろう」と思われる方が多いかもしれません。

「今日はどんな一日だった？」と、家族に声をかけて、悩み事やうれしかったこと、その日あった出来事を聞くことです。

雑談は、心と心を通い合わせる作業。

何げない会話を積み重ねることで家族の絆を深めていくんですね。

本を有効に人生に生かそう

自己啓発本やビジネスの成功本を読んで、そこから行動を起こして、見事に人生が変わる人がいます。

それに対して、せっかく同じように本を読んでも、「知っている話だけしか書いてなかった」などという感想で終わってしまって、なかなか変われない人がいます。この違いは何だと思いますか?

その本に出合うタイミングもありますが、これは、「チャンクダウン」ができるかどうかが、大きな理由のように感じます。

自己啓発本やビジネス本に書いてあることなどは、「思いが大事」「感謝しよう」など、チャンクが大きく、いろいろな人に当てはまるように書かれています。

だから、自己啓発書やビジネス書を読んだときは、「自分だったらどうすればいいか?」まで落とし込んで考えることが大切です。

「あの本があったからこそ、今の自分がある」

「あの人との出会いが自分を変えた」

そういう人は、自分の人生に当てはめるために、本を読んで感じたことを自然にチャンクダウンしているのです。

偉人や成功した人をモデルにして、自分に当てはめる。

何を始めるべきかを決断する。

そして行動に移す。

このように、実際の行動に落とし込んで考えられることが「チャンクダウン」をするということです。

手元にある自己啓発書・ビジネス書は、自分に当てはめて実践することで初めて役に立ちます。ただ読んで「いい話だったな」で終わって、後は本棚に眠っているようでは、もったいないです。

今読んでいるこの本も、学んだことはすぐに自分に当てはめて落とし込み、実行に移していただきたいと、心から思います。

アウトプットしよう

勉強会や講演会、本などを読んで得た知識はそのまま自分の中だけにしまっておいても身につきません。

「これはいいな」と思ったノウハウや知識があったら、すぐにアウトプットすることです。得た知識を自分のものにする一番の方法は、「人に教えること」だと言います。

家族、友人、同僚、恋人。誰でもいいので、すぐにあなたの得たノウハウ、知識を雑談がてらに教えてあげましょう。

教えることができるということは、完全に理解をしているということです。

人に教えている途中で、言葉につまってしまったり、何を話しているかわからないようなら、まだ完全に自分のものにできていない証拠。

投資したお金と時間を無駄にしないためには人に教えることが一番です。

教える機会がない場合は、書きましょう。ブログやフェイスブックなどに投稿することで、脳にしっかり刻まれて定着していきます。話がうまい人は、総じてネットを使って発信している人が多いです。

書くことで、考えがまとまり、洗練されるからです。

自分の頭の中だけで考えている限りは、それ以上の進化が期待できません。ところが、ブログなどで書くという作業を始めた瞬間、さなぎがチョウに生まれ変わるような、変容を起こすことが多くなります。書いてみて初めてわかることがあります。

文字として書き起こすことによって、「自分が言いたいのはこれじゃない」と、違和感が生まれることも多々あります。そこで、**言葉が磨かれていく**のです。

いずれにしても、**学んだこと、考えたこと、感じたことは、発信することで、血肉になっていきます。雑談上手を目指すなら、発信をどんどん心がけましょう。**

元気を与える存在になってください

会話に笑いは大切ですが、**誰か特定の人を笑いものにした話は避けるべき**です。とても面白いと思っても、周りが爆笑していても、誰か特定の人を笑いものにするような話は、聞いているほうの後味が悪いものです。

「自分もあんなふうにネタにされているかもしれない」と思うと、人はあなたに心を開いて会話をすることができなくなります。

ニュースや新聞は、殺人事件や、事故、虐待など、ネガティブなものがほとんどです。なぜなら、ネガティブなものほど視聴率が高いからです。

多くの人は、幸せな話よりも、不幸な話題に引きつけられるから、ネガティブなニュースが繰り返し発信されます。

ですが、あなたには、

「あなたと話すと元気が出る！」

と思われる人になってほしいと思います。

あなたと話すと、気分が明るくなる。

前向きになれる。

そんな話をしてほしいです。

明るい話題を提供できなければ、ただ話を聞いてあげるだけでも立派な貢献です。

私は、講師業の他に、心理カウンセリングの仕事もしていますが、心理技術を使う前に、話を聞いているだけでスッキリしていくクライアントがほとんどです。

あなたなりの元気の与え方で、周りに光を送ってほしいのです。

相手を元気にしてあげたいと思うことで、自然に第2ポジションにシフトアップされます。自分がどう思われるかという意識が薄まると、自然に雑談上手になっていくでしょう。

いろいろな人に話しかけて、雑談を盛り上げて、人生を豊かにしていくお手伝いを、あなたなりにしてほしいと心から願います。

10 学んだこと、考えたこと、感じたことは、発信することで、血肉になる。雑談上手を目指すなら、発信をどんどん心がけよう。

11 あなたと話すと、気分が明るくなる、前向きになれる、そんな人を目指していきましょう。それが雑談の上達への近道です。

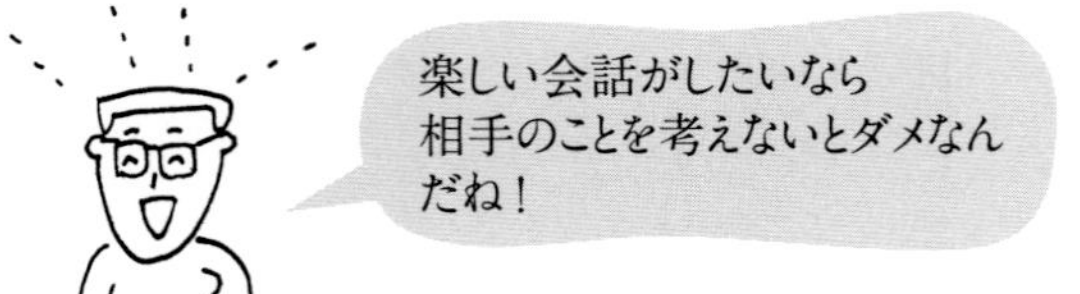
楽しい会話がしたいなら
相手のことを考えないとダメなんだね！

Chapter6のおさらい

1　常に相手に意識が向いている第2ポジションを意識しよう。

2　相手に興味·関心を持ち、相手の話に耳を傾けよう。

3　完璧主義度チェックリストで5項目以上が該当する方は、その傾向が強い。

4　完璧主義の傾向は、気軽な雑談にブレーキをかける。

5　特別な努力をしていない、ありのままの自分でもOKだと認めることから始まる。

6　コンプレックスがあるからこそ、人に教えられるレベルになる！

7　特定のポイントが満たされなければ幸せになれないと信じ込んでしまうと、他の選択肢が目に入らなくなる。

8　家族との雑談を大事にしよう。

9　偉人や成功した人をモデルにして、自分に当てはめる。そして、何を始めるべきかを決めて、行動に移すのが大事。

おわりに

話し方や説得の技術に関する本が毎日のように出版されています。「自分の言い分を相手に伝えて、自分の思い通りに動いてもらいたい」というニーズが、昔も今も、変わらずに存在するということです。

しかし、コミュニケーションの多くは、雑談で成り立っています。オフィシャルな会話だけだと、深い人間関係にはつながりません。雑談によって、人の気持ちが通い合って、信頼関係がつくられていきます。

何げない雑談が、潤滑油となって、人と人を結びつけるのですから、雑談の技術を学ぶことは、人生にとって大きな意味があります。

実は、雑談の技術は、相手への愛と思いやりを形にしていくツールです。

特に、今まで苦手に感じていた人との雑談は、自分の枠を広げて、新たな自分の発見につながっていきます。

それが、さらに豊かな人生を作り出していくのです。

みなさんに伝えたいのは、「自分の殻を打ち破るには、今までやったことがないことにチャレンジしよう」ということです。

つまり、学んだ知識を使って、苦手な人、無口な人、周りの人、そして家族に、どんどん話しかけてほしいのです。

そして相手を明るい気持ちにさせ、人に元気を与えようと心がけていただきたいのです。

それが雑談の達人への近道です。

そうすることによって、あなたの周りには笑顔があふれて、たくさんの人があなたと過ごす時間を喜んでくれて、「あなたと話しているときが、一番ほっとするよ」と言われる存在になっていくでしょう。

「コミュニケーションスキルをさらに学びたい」「今の自分を変えたい」という方には、さまざまセミナーを用意しています。心理的な部分を解決したい方には、カウンセリングなどもお役に立つでしょう。「コミュニケーション総合研究所」で検索していただくと、それらの詳細を紹介したホームページがあります。無料メルマガや無料コンテンツのダウンロードページなども用意していますので、ぜひご覧ください。また、ホームページから、気軽に質問やお問い合わせをいただくのをお待ちしています。

ちなみに、「雑談のルール」というタイトルは、前作とほぼ同じですが、今作では書きおろしですので、バージョンアップしています。

今作では、スキルだけでなく、苦手意識の原因についての心理分析など、深い部分も紹介しました。自分を見つめなおす機会になれば、とてもうれしいです。

最後になりますが、この本は、前作の『あたりまえだけどなかなかできない雑談のルール』を読んだ、中経の文庫の編集長からお声をかけていただいて、雑談が苦手だという担当編集者のご尽力で出版に至りました。お二人には心から感謝しています。

実は、前作の『あたりまえだけどなかなかできない雑談のルール』は、当時の編集者との喫茶店での雑談から生まれた本です。あの時の雑談から、こうして2冊目の「雑談のルール」を出版できたわけですから、雑談の威力を改めて感じています。

みなさんも、雑談を極めることで、たくさんの奇跡を生み出していかれることを願っています。

著者

本書は書きおろしです

【著者紹介】

松橋　良紀（まつはし　よしのり）

一般社団法人日本聴き方協会代表理事、コミュニケーション総合研究所代表理事。

1964年生まれ。青森市出身。高校卒業後にギタリストを目指して上京。26歳で訪問営業をスタートするが、あまりに売れないために、30歳でクビ寸前に。その後カウンセラー養成学校に通い、NLP や催眠療法など心理学を学ぶ。そこで得た心理スキルをお客様に試してみたら、たった一ヶ月で全国トップセールスになり、月収20万円から100万円に。

36才からナポレオン・ヒル財団へ転職し、営業とともに自己啓発講師を任される。営業16年間で約1万件を超える対面営業と、多くの研修を経験。

2007年に講師、研修業をメインに、営業コンサルティング会社を設立。セミナーの参加者から「すぐに成果が出る」という口コミが広がり、出版の機会を得る。著書８冊を出版し、NHK で特集されたり、雑誌の取材なども多く、マスコミでも多数紹介される。

主な著書に『あたりまえだけどなかなかできない雑談のルール』『あたりまえだけどなかなかできない聞き方のルール』（以上、明日香出版社）『話さなくても相手がどんどんしゃべりだす「聞くだけ」会話術』（ダイヤモンド社）など。

中経の文庫
何を話せばいいのかわからない人のための雑談のルール
2013年10月31日　第１刷発行
2017年４月10日　第17刷発行
著　者　松橋　良紀（まつはし　よしのり）
発行者　川金　正法
発行所　株式会社KADOKAWA
〒102-8177　東京都千代田区富士見2-13-3
03-3238-8521（カスタマーサポート）
http://www.kadokawa.co.jp
落丁・乱丁本はご面倒でも、下記KADOKAWA読者係にお送りください。
送料は小社負担でお取り替えいたします。
古書店で購入したものについては、お取り替えできません。
電話 049-259-1100（9：00〜17：00／土日、祝日、年末年始を除く）
〒354-0041　埼玉県入間郡三芳町藤久保 550-1
DTP／キャップス　印刷・製本／図書印刷

ISBN978-4-04-600022-4　C0134